一紙小消息のこころ

新装版

藤堂恭俊

東方出版

はじめのことば

『一紙小消息』は、浄土宗をひらかれた宗祖法然上人（一一三三～一二一二年）の『御誓言の書』、通常「元祖大師ご遺訓」と呼ばれて馴染みふかい『一枚起請文』とならんで、浄土宗にご縁のあるお方なら、どなたでも声に出して拝読し、上人のみ教えをじかに拝聴する思いにかられながら、感銘を深くする御法語であります。

私は常日頃から、この『一紙小消息』を綴られた宗祖法然上人のみ心を探り、上人のみ心・み教えに導かれながら、お念佛の一筋道を前進し、信仰を継続し深める上での糧といたしたい、という思いにかられておりました。このたび、まことにありがたい勝縁を頂戴し、読者の皆様方とご一緒に、お念佛の世界、宗祖法然上人が生きられた心の世界を垣間見させていただくことを光栄に思っています。まことにつたない足どりですが、『一紙小消息のこころ』と題して、この講話に筆を走らせたいと存じます。

『一紙小消息』の内容に立ち入るに先立って、その題名を中心に置きながら、この消息の伝承経路の違いによる異本の対照を試み、さらには、宗祖上人がいつ、どこの、どなたに、どのようなご縁で綴られた消息であるか、というようなことについて、「その外相」と題して触れておきたいと思います。

この『一紙小消息』は、字数から申しますと短文でありますが、浄土宗の教え、お念佛の信仰の実際について、宗祖上人が懇切にお示し下さっているお手紙であります。徳川末期の法将、還無老人承誉法洲上人（一七六五～一八三九年）は、『小消息講説』を著して、その内容を十段に分けて、信仰の世界の風航を詳しく述べていられます。私はこの大先達・法洲上人の科段に導かれながら八段とし、それぞれの科段ごとに、原文を拙い意訳と対照させながら、かずかずの宗祖上人のご遺文にてらしあわせて、出来る限り上人のみ心を探り、その中味を味わいたいと存じます。これを「その外相」に対して、「その内相」と題しました。

目次

＊本書は一九九六（平成八）年に刊行した知恩院浄土宗学研究所シリーズ第五巻『一紙小消息のこころ』を単行本として新装復刊したものです。

I　その外相

『一紙小消息』は宗祖上人のお手紙

『一紙小消息』は、ときとしてただ、『小消息』と呼ばれることがあります。あるいは『黒田の聖人へつかはす御文』、『黒田の聖へつかはす御返事』と記されています。つまり題名には大きくわけて、ふた通りありますが、いずれにしましても上人がお書きになったお手紙であることには、なんの相違もありません。

『一紙小消息』という題名のなか、はじめの「一紙」というのは、文字どおり一枚の紙ということであります。それに続く「小消息」の「消息」には、いろいろな使い方がありまず。「消えることと生ずること」、「衰えること・盛んになること」、つまり「うつりかわり」・「変化」・「消長」という意味があり、あるいは「変化するもの、その時その時のありさま」、動静を意味したり、あるいは訪れて来意を告げること、案内を乞うことを「消息する」と言ったり、手紙を書くことも「消息する」と言います。これら消息の持つ意味の数かずあるなか、この『一紙小消息』の消息は、『黒田の聖へつかはす御返事』とありますように、まさに手紙、たより、書信、書翰を意味しています。

このように、『一紙小消息』が宗祖上人のお手紙であるからには、人の世の常のならいとして、上人のご筆跡、使用された紙の大きさや紙質などについて拝見したい、知りたい気持にかられます。この篤い思いは、上人ご自筆の原本が現存していてこそ、拝見したり、知ったりすることができますが、残念なことですが、現存していないのです。しかも、いつどのような事情で失われたとも、見たい、知りたいと思っている事柄に関する記録の有無すら定かでありませんから、どうしようもありません。しかし、たとえ『一紙小消息』でなくともよいから、宗祖上人のご筆跡をこの拙著の上で拝見したいと思われるお方も多かろうと存じます。そうした皆様方のご要望にこたえて、本題とは多少それるおそれがありますが、あえて宗祖上人のご筆跡にふれておきたいと思います。

宗祖法然上人のご筆跡は、親鸞聖人（一一七三〜一二六二年）や日蓮聖人（一二二二〜一二八二年）のご筆跡のように数多く遺っていません。文字どおり比べようのないほど、現存する上人のご筆跡の数は少ないのです。現存する数少ない上人のご筆跡の中、第一にあげられるのは、建久九（一一九八）年、上人六十六歳のとき撰述された畢生の大著で、京都御所の東側に位置する廬山寺に収蔵されている『選擇本願念佛集《せんちゃくほんがんねんぶつしゅう》』草稿本の開巻劈頭に記されている内題、すなわち「選擇本願念佛集」(第一行目) という七字、それに続いて「南無阿弥陀佛 往生之業念佛為先」(第二行目) という十四字、都合二十一字だけが、上人のご自筆であります。さらに宗祖上人が満八十歳でご入滅なされる前々日、建暦二(一二一二)年正月二十三日に記された「御誓言の書」である『一枚起請文』のご自筆が、京都市内は東山連峰のすぐ西、小高い丘陵地帯に位置する大本山金戒光明寺、通称黒谷さんに収蔵されています。その外、京都の嵯峨、三国伝来の釈迦牟尼如来立像で著名な清涼寺に、建久五(一一九四)年、あるいは元久元(一二〇四)年に近い頃のご染筆と推定されている「武蔵国熊谷入道」蓮生に宛てたお手紙(五月二日付)を所蔵し、さらに昭和三十七年四月、奈良市内の興善寺本尊阿弥陀如来立像の胎内から発見された、正行房に宛てた元久二(一二〇五)年頃ご染筆されたと推定されるお手紙(断簡三通、いずれも紙背に念佛結縁交名を記載)があります。これら現存する上人のご自筆をとおして、ご筆跡を親しく目の前に拝見することができます。今、ここには掲載することができませんが、金戒光明寺蔵の『一枚起請文』、清涼寺所蔵のお手紙、興善寺所蔵のお手紙をよくご覧になって、『一紙小消息』もおそらくこのような大きさの用紙に、このような字をお書きになっていたであろうと、想像をたくましくしていただければ幸甚です。

ご承知のお方も多かろうと思いますが、この『一紙小消息』は、「末代の衆生を、往生極楽の機にあてゝ見るに」という文に始まって、「信じてもなを信ずべきは必得往生の文なり」で終わっています。このような始めと終わりの文章を持っている『一紙小消息』に対して、私はどうしても頭を傾げざるを得ないのです。なぜでしょうか。

別名に『黒田の聖へつかはす御返事』とあるように、この『一紙小消息』が、どこの、どなたか詳らかでないが、質問を書きとめた手紙を受けとられた上人が、それに対して解答をお書きになり、相手に送られたお手紙でありますれば、たとえば興善寺所蔵の正行房宛てのお手紙のように、「御ふみくはしくうけたまはり候ぬ」というように、相手から届けられた手紙を受けとったという挨拶の文章を、まず最初に置かれてあってしかるべきである、と思われてなりません。さらにお手紙の最後には、たとえば清涼寺所蔵の蓮生宛てのお手紙のように、「謹言」という手紙の文章の最後に置かれる語とか、「源空」という署名、日付、「武蔵国熊谷入道殿」という宛名があってしかるべきである、と思えてならないからであります。強いて申しますと、手紙の形式をそなえていない、いわゆる常軌を逸したお手紙が『一紙小消息』なのです。このように私の気づいたことをそのまま綴りますと、「ああ、そうか」と読者の皆様方が、私の気づいた疑問に対して、賛意を表していただけるかと存じます。

宗祖上人が綴られたお手紙を調べてみますと、そのなかに私の申している常軌を逸したお手紙は皆無ではありません。たとえば『ある人のもとにつかはす御文』は、「念佛往生ハ、いかにもしてさハ《〔障〕》りを出し、難ぜんとすれども、往生すまじき道理ハお《〔大〕》ほか《〔方〕》た候はぬ也」という文に始まり、「源空がわたくしに申す事にてハあらず。聖教のおもてにかゝ《〔鏡〕》みをかけたる事にて候へバ、御らんあるべく候也」という文で終わっているのです。このような手紙の形式をそなえていない「御返事」がこの外に一、二ありますので、奇をてらうような私の疑いは撤回しなければならないようです。とは申しましても、この『一紙小消息』は、お手紙としてはその形式をふまない、常軌を逸していることには、なんの違いもありません。しかし私は投げかけた疑問のすべてが、解決されたとは思っていません。

その題名について

『一紙小消息』という題名には、このほかに『黒田の聖人へつかはす御文』という別名があります。読者の皆様のなかには、ふた通りの題名があることに、奇異な感じを持たれることでしょう。

しかしそのことよりも、消息・たよりに題名がつけられていることの方が実はおかしいので、題名のないのが本来の姿ではないでしょうか。八十八歳の親鸞聖人が、康元元(一二五六)年十一月八日に書写された法然上人の遺文集である『西方指南抄』下末には、この『一紙小消息』・『黒田の聖人へつかはす御文』と同文の消息が収められていますが、題名はつけられてありません。いってみれば、消息のたぐいに題名がつけられているということは、それを集録した編集者による命名である、と考えねばなりません。しかも命名された題名は絶対的なものでありませんから、別の編集者によって異なった題名を与えられても致し方ないわけであります。

今ここに、『一紙小消息』・『黒田の聖人へつかはす御文』というふたつの題名を見くらべますと、ひとつは形式の上から名づけられた題名であり、ひとつは宛先の人物に基づいた題名であると考えられます。まず、これらふたつの題名は、どのような書物の上に明記されているかという、いわゆる題名の出典について考えておきたいと思います。

さて、『黒田の聖人へつかはす御文』には、もうひとつ『黒田の聖へつかはす御返事』という題名があります。このふた通りの題名は、『黒谷上人語燈録』巻第十四の上に示されています。このなか、前者の『御文』の方は、その本文を掲載する直前におかれていますが、後者の『御返事』の方は、巻第十四の目次のなかに記されています。

いうところの『黒谷上人語燈録』とは、はたしてどういう内容の書物で、いつ、どこの、どなたが、どういう目的のために、つくられたのでしょうか。

『黒谷上人語燈録』というはじめの「黒谷」とは、日本天台宗をおひらきになった最澄＝伝教大師（七六六〜八二二年）が開創された比叡山に東塔、西塔《さいとう》および横川《よかわ》の三塔あるなか、京都の八瀬・大原に面した西塔（五つの谷がある）の北谷を指します。この西塔北谷には、伝教大師自刻になる大黒天が安置されていましたので、山の方がたは「大黒谷」と呼ぶようになりました。しかしいつしか「大黒谷」の「大」の字がとれて、ただ「黒谷」と呼ぶようになったのです。したがって「黒谷」は、「北谷」という地名の別の呼び名なのです。しかるに「黒谷上人」ということになりますと、西塔北谷に住んでおられる上人、あるいは住んでおられた上人を指すことになります。このように「黒谷上人」という呼称は、ある特定の上人を指す代名詞ではありませんから、安居院《あぐいん》の聖覚《せいかく》法印（一一六七〜一二三五年）は、師匠である法然上人の伝記をつくって、『黒谷源空上人伝』（一巻。別称『十六門記』）と命名されました。しかし今の場合は「源空」という二字を置かなくても、法然上人おひとりを指しています。

浄土宗をひらかれた法然上人を、なぜ、ことさらに、ご修行時代を過ごされた「黒谷」という地名をとりあげて、「黒谷上人」と申しあげるのか、いささか腑におちない気がしてなりません。しかし、この題名の名づけ親であるご本人は、きっと誇りをもって、宗祖上人を「黒谷上人」と申しあげた、と思われてなりません。それはただ、浄土宗開創以前にお過ごしになった黒谷の地を、懐古するという情にも増して、宗祖上人を比叡の山から下って浄土宗をひらかれた、という一面だけを捉えるのではなく、ご修行時代の輝かしいご業績をも偲んでの命名ではなかったでしょうか。

宗祖上人は、在山時代にどのような輝かしいご業績をあげておられたのでしょうか。まず第一には、上人とほとんど同時代で、比叡山における天台宗の学匠であり、しかも浄土宗第二祖弁阿弁長上人（一一六二～一二三八年）の師匠である宝地房証真法印（生没年代不詳）は、

かの（法然）上人は、わが（天台）宗の達者、あまつさえ、諸宗にわたってあまねく習学され、智慧甚深なること常人を超過せり。

（醍醐本『法然上人伝記』所収「一期物語」第十八話）

というように、宗祖上人の学解を絶讃されているのです。ことほどさように、天台宗はもとより、ひろく各宗の奥義をきわめた「智慧第一の法然房」という尊称は、ご修行時代のご業績を讃えてのことであります。

第二には、「選擇本願念佛の元祖」と慕い、仰がれる宗祖上人は、ご入滅に際して、

慈覚大師の九条の袈裟をかけ、頭北面西、光明徧照十方世界　念佛衆生摂取不捨と誦して、眠るがごとく命終したまえり。

（醍醐本『法然上人伝記』所収「御臨終日記」）

と記されているように、円仁＝慈覚大師（七九四～八六四年）の九条袈裟を身にかけて、命終されました。このことは、宗祖上人を智行兼備した伝戒の嫡弟であることを示している

のです。だからこそ宗祖上人は、伝教大師がその当時日本に既成していた南都佛教界の猛烈な反対を全身に浴びながら、生涯、心血をそそいで樹立に奔走された一乗円頓戒の正嫡者として、天皇に対しても、僧侶や一般人に対しても授戒されたのであります。世人が宗祖上人を、「一朝の戒師」と仰ぐゆえんであります。上人は十八歳のとき西塔北谷の別所《べっしょ》に移ってのち、師資の関係を結んだ慈眼房叡空上人（生没年代不詳）から、中国の南嶽慧思禅師（五一五〜五七七年）より十七代にわたって伝えられてきた九条の袈裟を授受されたのであります。

このように「黒谷上人」という表現には、浄土一宗をひらかれたという偉大なご業績のかげにかくれて、ともすれば見逃しがちな開宗以前のご業績をもとりあげ、聖道浄土の二門にわたる輝かしい宗祖上人の全生涯を鑽仰する意図のもとに、「黒谷上人」と命名されたことでありましょう。

次に「語燈録」とは、高僧の言行をあつめた「語録」の類にあたります。「語録」という名称は、たとえば『鎮州臨済慧禅師語録』といったように、一般的には多く禅宗の祖師がたの言行を集録したものに用いられています。ところが今の場合には、「語」と「録」とのあいだに「燈」の一字が置かれていることに、注目すべきでありましょう。「語燈録」の「燈」

の一字は、ただ単なる法然上人のご遺文の集録でないことを、積極的に示す一字として、たいへん意義深い一字なのです。

『黒谷上人語燈録』の編集者は、『和語燈録』の序のなかで、この「燈」の一字に関連させながら、

ねがはくは、もろもろの往生をもとめん人、これをもって燈《ともしび》として、浄土のみちをてらせとなり。

と、宗祖上人のご遺文を集録する意図を綴っています。いうところの「燈」の字は、「燈火」とも熟字されるように、「ともしび」、あるいは「あかり」のことであります。『和語燈録』の編集者は、往生極楽をねがい求める人の進むべき道中に、あやまりがないように、「あかり」・「ともしび」をもって照らし、みちびくという大役を、集録した宗祖上人のご遺文の上に期待し、求めているのです。

そのような意図のもとに編集された『和語燈録』でありますから、念佛者のこころの闇を照らす「ともしび」、信仰に生きぬく人のこころの「ささえ」として、受けとって拝読する必要があります。それでこそ、編集者の意図にそった拝読である、と言い得るでしょうし、さらにまた、宗祖上人のみ心をいただいて、往生極楽の道に深くかかわり、念佛の道

をひたすらに進むことに連なるのであります。

東京に住まわれている永忠順師という浄土真宗最尊寺のご住職は、『和語燈録――極楽往生への燈』（新仏典シリーズ　大蔵出版刊）の著者であります。師はその自著の「あとがき」のなかで、法然と親鸞という師弟おふたりのタイプを比較して、

畢竟するところ（法然）聖人が、親鸞聖人のような物書き型とちがって、説法の人であられた。

と指摘されています。なるほどそのとおりで、宗祖上人は「書くよりも話すというタイプのお方」であったから、

法然聖人の佛法は対話の中から生まれている。

といわれるゆえんであります。お話をされる上人も、お話を聞く人も、ともにおたがいに相手の顔をながめながら、語り、聞く輪をひろげられたことでありましょう。上人は聞く人のうつりかわる反応の様子を、しかと目で捉えながら語り続け、また、上人の肉声は聞く人の耳底に長くとどまり、深くおさめられたことでありましょう。

そのようなことはともかくとして、宗祖上人は物を書かれるタイプのお方ではなかったので、いきおい、書き遺された書物のたぐいは、数少ないわけであります。

数少ない宗祖上人のご遺文を集録して、『黒谷上人語燈録』という題名をつけたお方は、どこの、どなたで、いつ編集されたのでしょうか。

ご遺文の編集者は、浄土宗の第三祖記主禅師と仰がれる然阿良忠上人(一一九九~一二八七年)のお弟子数多いなか、とくに京都の地に在住して活躍された弟子が、お三方あるなかのお一人、道光了恵上人(一二四三~一三三〇年)であります。了恵上人は文永十一(一二七四)年十二月の釈尊成道の日に全十五巻からなる『黒谷上人語燈録』を、さらに続いて翌年の一月、宗祖上人のご入滅の日に『拾遺黒谷語燈録』三巻を編集されました。

このなか、『黒谷上人語燈録』は、巻第一から巻第十までには漢字で綴られたご遺文を二十二篇、巻第十一から巻第十五までには和文で綴られたご遺文を二十四篇収めています。通常、前者をもって『漢語燈録』、後者を『和語燈録』と呼んで区別をしています。また『拾遺黒谷語燈録』は、上巻に漢語を、中下の二巻に和語を収めています。これらふたつの『語燈録』を合計しますと十八巻となりますが、そのなか『漢語燈録』は十一巻、『和語燈録』は七巻ということになります。

了恵上人が、あわせて十八巻からなる和・漢の両『語燈録』の編集を完了されたのは、宗祖上人ご入滅後六十四年目のことでした。わずか六十四年の歳月とは申しますが、おりあしくこの期間は、初期浄土宗教団にとって受難の時代でありました。

宗祖法然上人ご入滅の建暦二（一二一二）年の十一月には、上人の畢生の主著『選擇本願念佛集』が、栂尾の高辨明恵上人（一一七三～一二三二年）によって論難された『摧邪輪』と『摧邪輪荘嚴記』とが撰述されました。

嘉禄三（一二二七）年六月には、上人のご遺体を安置していた大谷墳墓が破却されるのに伴って、ご遺体を太秦《うずまさ》に移しました。さらに翌年の安貞二（一二二八）年にご遺体を粟生野に移して、荼毘に付しました。

そのほか、たびかさなる専修念佛の停止がありました。

上人門下の一部の方がたは自己防衛のために、師説に反する説を、師説といつわって吹聴しました。

上人門下の筆頭＝法蓮房信空上人（一一四六～一二二八年）をはじめとする、直弟のあいつぐ遷化がありました。

このように宗祖上人ご入滅後、初期浄土宗団は内憂外患に見舞われ、宗祖上人の孫弟子とその次の世代を迎えましたので、上人のご遺文は散逸しやすい状勢下にありましたから、その収集にあたられた了恵上人のご苦労は、なみたいていなことでありませんでした。そのうえ、収集にあたった遺文のなかに「余の和語の書に文章も似ず、義勢もたがう」偽書がまじっていたと、了恵上人は『拾遺黒谷語燈録』の跋のなかで指摘しておられるありさまでしたので、真偽をよりわけるという、むつかしい作業をしなければなりませんでした。『黒谷上人語燈録』巻第十一のはじめに置かれている「序」のなかに、了恵上人は集録の方針を綴っておられますが、私たちはそれをそのまま了恵上人の苦労談と受けとることができます。

往生の解行をまなぶ人、みな(法然)上人をもて祖師とす。こゝにかのながれをくむ人おほき中に、をの〳〵義をとることまち〳〵なり。(中略) まことに金鍮しりがたく、邪正いかでかわきまふべきなれば、きくものおほくみなもとをわすれてながれにしたがひ、あたらしきを貴《たつとみ》てふるきをしらず。

というように、往生極楽の素懐をとげようとする人たちは、おしなべて宗祖上人を祖師と仰ぎ、その教えに従っていました。しかるに上人ご入滅のあと、一部のお弟子がそれぞれに背師自立の説をたてられましたが、師説と区別する判断力を持たないまま、お弟子の新説にたよることがあっても、師説をかえりみず、かえって反古《ほご》視するありさまでした。

このとき了恵上人は、

いさゝか上人のふるきをたづね、やゝ近代のあたらしきみちをすてんとおもふ。

というように、あちら・こちらに散らばっている宗祖上人のご遺文をたずね集め、金鎗をよりわけ、邪正をただし、真偽をあきらかにしながら、この『語燈録』の編集にあたられました。したがって『一紙小消息』、『黒田の聖人へつかはす御文』は、まぎれもない宗祖上人のご遺文でありますので、尊重頂戴しなければなりませんし、今日この『一紙小消息』を拝読できるのは、ひとえに了恵上人のご苦労によるおかげというほかありません。

了恵上人が『語燈録』を編集されてのち、半世紀に手のとどく元亨元（一三七七）年に、一向専修沙門円智上人（西山西谷流了音の法孫、義勝の門弟）が、

ひとへに上人の恩徳を報じたてまつらんがため、又もろ〳〵の衆生を往生の正路にむかはしめんがために、此和語の印板をひらく。

というように、『和語燈録』を梓にかける計画をされました。これにたいして了恵上人は、

沙門了恵感歎にたへず、随喜のあまりに七十九歳の老眼をのこひて、和語七巻の印本を書之。

と、感激のあまりご自身が編集された『和語燈録』を、ご自身が自筆をふるって版下を執筆されたのです。了恵上人の感歎が今に伝わってくる思いがします。この貴重な版本は、

現在わが国にただ一本だけが、龍谷大学の図書館に収蔵されています。私たちはこの版本を『元亨版和語燈録』と呼び、その後、江戸時代に出版された寛永二十（一六四八）年版、宝永二（一七〇五）年版、正徳五（一七一五）年版よりも、資料として価値の高いものとして重要視しています。

『和語燈録』全五巻には、宗祖上人のおたよりを九通おさめています。もともとおたよりでありますから、題名がつけられているはずはないのですが、編集者の了恵上人は一通ごとに題名をつけ、しかも宛先の人物によって、「進ずる御返事」（二通）、「つかはす御文」（二通）、「つかはす御返事」（五通）というように、題名の表現をかえているのです。

大胡太郎実秀（生年不詳～一二四六年）とその妻室、熊谷直実入道法力房蓮生《れんせい》（生年不詳～一二〇七年）、津戸《つのと》三郎為守尊願（一一六三～一二四三年）、越中の光明房の五名に対するおたよりには、すべて「つかはす御返事」となっています。これに対して、「九条殿下の北の政所《まんどころ》」と表現される九条兼実（一一四九～一二四七年）の妻室（生年不詳～一三〇一年）や、「鎌倉の二位の禅尼」と表現される源頼朝（一一四七～一一九九年）の妻室＝北条政子（一一五六～一二二五年）のような高貴な婦人と権力者尼将軍に宛てたおたよりには、「進ずる御返事」となっています。黒田の聖人と正如房に対するおたよりには、「つかはす御文」となっているのです。

このように了恵上人は、宛先の人物によって題名の表現をかえるという配慮をしていますが、さきにも指摘しましたように、黒田の聖人へつかわすおたよりに対して、本文の直前に置かれた題名と、目次に示された題名に相違があったように、正如房の場合もそうなのです。目次のところには「正如房につかはす御文」となっていますが、本文の直前には、「正如房にしめす御文」となっています。いずれにしても、「御文」という表現にはなんの相違もありません。

ともかく、「つかはす御返事」という表現よりも「つかはす御文」という方が、一段格高の人物に対して用いた表現と受けとめることができます。としますと、了恵上人は「御文」という題名を与えた黒田の聖人と正如房とを、同格に捉えていたように思われてなりません。そうしますと、黒田の聖人がどのような人物であったかを知る上に、まず、正如房はいったい、いかなる人物であったかを知っておく必要があります。

了恵上人によって「正如房へつかはす御文」と命名されはしましたが、この上人が綴られた消息を拝読する誰ひとりとして、正如房はどこの、どなたなのか皆目わからないまま七八一年の歳月を送っていたのです。ところが生涯を法然上人研究一筋に生きられた兵庫県明石市の無量光寺住職・故小川竜彦上人によって、正如房はまぎれもなく後白河法皇の皇女であることがあきらかにされたのです（『新定　法然上人絵伝』一巻　芹沢銈介版画小川竜彦文　一九五五年四月理想社刊　B六判　一〇三頁）。この書物が出版される以前に小川上人が私に、このことについて、まるで鬼の首をとったといわんばかりの悦びを顔一杯に漲《みなぎ》らせながら語り続けられた圧力のあるお声が、いまだ耳底に残っています。しかしながら誰しも知りたいと思っていた正如房に関する小川上人の紹介文は、この書物の性格や字数の制限もあって、わずか二〇〇字足らずのなかに収められていましたので、その詳細を論文形式によって発表される日の一日も早いことを期待していました。

小川上人と親交の厚かった浄土門主・故岸信宏上人は、私と同様にこの書物が出版される以前に直接このことを聞かれて、関心のおもむくままに「聖如房について」と題する論文を『佛教文化研究』（知恩院浄土宗学研究所の前身である佛教文化研究所の年報。岸上人は米寿を迎えるに当たって、『法然上人の御事蹟について』―一九七六年三月知恩院内侍課刊―を記念出版物として上梓し、「多少加筆」をほどこしたこの論文を収録されました）第五号に投稿され、正如房に関するくわしい紹介をされたのです。これらの発表は、関心を持つ諸学者の間で未曽有の快挙として、大変な注目をひいたことでした。このようにして正如房は、後白河法皇（一一二七～一一九三年）の第三皇女の式子《しきし》内親王（一一五三～一二〇一年）が、建久元（一一九〇）年に出家された時の法名であることがわかったのです。「正如房」は「しやう如はう」（『西方指南抄』巻下本）とも記され、また音通によって「聖如房」（『法然上人行状絵図』第十九巻第四段）と記されることがありますが、「承如房」（『賀茂斎院記』）と記すのが、法名としては正しいようであります。このように「承如房」を「正如房」、「聖如房」と音通によって当て字を使用するのは、鎌倉時代の常習でありますので、特別の意図あってのことではありません。

ところが一九八九年の十二月に、東京経済大学の石丸晶子さんが、朝日新聞社から『式子内親王伝―面影びとは法然』と題する書物（B六判二九六頁）を出版されました。この出版によって正如房の伝記が世にひろく紹介されたのですが、とくに、そのサブ・タイトルに「面影びとは法然」と記されていますように、「法然への激しい慕情に生きた式子内親王」正如房と、法然上人との関係を軸にした伝記を綴られただけに、世の人を驚かせ、関心を誘い、その輪を大きくひろげることになりました。

ともかく正如房・式子内親王は、幼少七・八歳の頃から十一年の間、賀茂の第三十一代斎院、天皇の名代として、天皇家の守護神である賀茂神社の神に治世の安泰を祈るために潔斎して奉仕の生活を送られ、引退されてから後も終生「前斎院」という名称で呼ばれた方でありますが、『新古今和歌集』の時代の歌人として優れた作品を遺された（『式子内親王全歌集』　桜楓社刊）方でした。さらにその上、正如房は後鳥羽帝の第二皇子春宮、後の順徳帝（一二一〇～一二二〇年在位）を猶子にする話が持ちあがったことのある方でありますから、ことの次第によっては、天皇の准母となられた方であったのです。

さて、了恵上人によって皇女正如房と同格に扱われている黒田の聖人とは、いったい、いかなる人物であったのでしょうか。

この消息のまたの題名は、すでに紹介しましたように『一紙小消息』であります。『一紙小消息』という題名は、なるほど一枚の用紙に綴られた「おたより」ということでありますから、形式的・機械的にさりげなくつけられた題名といわなければなりません。『和語燈録』全五巻を繙《ひもと》きますと、そのなかにも味気ないことですが、『一紙小消息』という題名と同じように、数量をもとにして命名された『十二問答』、『十二箇条問答』（以上巻第四所収）や『一百四十五箇条問答』（巻第五所収）といった問答体の遺文が集録されています。しかしこの『一紙小消息』は、了恵上人によって与えられた題名ではありませんから、どなたがつけられた題名であるのか、いつ頃からそのような題名で呼ばれるようになったのか、調べてみたいと思います。

法然上人のご伝記には、一巻仕立てのものを始めとして、四巻、九巻、十巻、四十八巻仕立てにいたるまで、ずいぶん数多くの伝記が編纂され、現存しています。それらのご伝記は詞書《ことばがき》だけからなっている伝記と、絵詞《えことば》形式からなっている伝記に分類することが出来ます。このなか、絵詞形式からなる『法然上人行状絵図』(国宝　知恩院蔵　略称『四十八巻伝』、あるいは『勅修御伝《ぎょでん》』・『勅伝』)は、比叡山東塔東谷の功徳院(現在「法然堂」のある地)の住僧で顕密をよくし、後に知恩院の第九代になった舜昌法印(一二五五〜一三三五年)が、宗祖法然上人の芳躅を慕い、浄土門の教えをひろく宣揚する意図のもとに、詞書を執筆されたご伝記であります。この『四十八巻伝』は、「徳治二(一三〇六)年に始まり、十余年の春秋をへて」成立したと、洛東鹿ヶ谷法然院の開山である忍澂上人(一六四五〜一七一一年)が『勅修円光大師御伝縁起』のなかに指摘されていますから、了恵上人の集録になる『和語燈録』よりも四十年近い後に成立したことになります。

舜昌法印は、法然上人のご伝記は申すまでもありませんが、そのほか上人の法語、消息、問答、著述といった遺文の類、上人に帰依した有縁の道俗を始め、上人のお弟子の伝記をも、この『四十八巻伝』のなかに収められました。そうした次第でありますから四十八巻という膨大な巻数になったわけで、まさに法然上人伝を集大成された方である、といっても過言ではありません。

舜昌法印は『四十八巻伝』の第二十巻の第一段におなじみの「上人つねに仰られける御詞」を三十一話掲載され、続いて第二段の冒頭に、

又一紙にのせての給はく、末代の衆生、往生極楽の機にあてゝみるに、行すくなしとても疑べからず。

という文を掲げ、最後には、

憑てもたのむべきは乃至十念の詞、信じても猶信ずべきは必得往生の文也と。此書世間に流布す。上人の小消息といへるこれなり。

という文をもって、第二段を結んでいるのです。

この第二段の御文を拝読いたしますと、多少表現の相違はありますが、その内容はまぎれもなく『和語燈録』に集録されている『黒田の聖人へつかはす御文』なのであります。

どういうことか、舜昌法印はこの第二段のなかに、ご返事が送られる先の宛名、つまり

「黒田の聖人」という五字を記載していないのです。そればかりではなく、『和語燈録』よりも後で編纂にあたった法印が、あらゆる文献を駆使して綴ったはずの『四十八巻伝』のどこを探しても、上人からご返事をいただかれた当のお方・「黒田の聖人」のこと、たとえお弟子でなかっても、ご返事をいただくほどの帰依者であったはずの「黒田の聖人」のことを記載していないのです。不思議なこともあるものだ、と首をかしげるのは私ひとりでないでしょう。このことは、この消息の宛先の人物を考えるにあたって、大変重要なことのように思われてなりません。

そのことはともかく、この第二段の最後に、「此書世間に流布す。上人の小消息といへるこれなり」と記してあることによっておわかりのように、この消息は、法然上人ご入滅後の百年頃には、「小消息」という名称で呼ばれ、世間に流布していたようであります。さらに、冒頭に「一紙にのせての給はく」とあります「一紙」を、「小消息」の上に冠しますと、今日私たちが使っています「一紙小消息」となるのであります。したがって「小消息」という題名は、どこの、どなたによって命名されたか、ということを詮索するよりも、誰かれとなく、この消息を拝読した多くの人のなかから生まれ出た題名である、と受けとった方が、自然のように思われてなりません。もはや「小消息」は、ある特定の個人に対する

消息でなく、念佛者の指南としてひろく法語視されていたと見るべきであります。たとえば『四十八巻伝』第二十五巻第三段に、

たまはるところの御消息を秘蔵して、出離の指南になむ、そなへ侍ける。

武蔵国那珂郡《なかのこほり》の住人弥次郎入道

と記してあるように、上人からいただいた消息を、もはやおたよりというよりも、出離生死、口称念佛往生の指南として受けとられていたのが一般でありました。

黒田の聖人は幻の人か

私は、『一紙小消息』を宗祖法然上人から頂戴なされたご本人・黒田の聖人について、道光了恵上人がこの消息につけられた題名にひきずられながら、皇女式子内親王に匹敵するほどの格式あるお方であろう、という想定をいたしましたが、果たしてそうでありましょうか。

黒田の聖人がいかなる氏、素性のお方であるかについては、読者の皆さまもそうでありますように、『和語燈録』が成立してから今日にいたるまで、この消息の内容に心惹かれればば惹かれるほどに、ひろく文献などをあさって探し求められてきたのであります。二十世紀の末までの間に、私の知るかぎりでは、お三方によって探し求められた成果が発表されています。それらお三方の成果を簡単ながらご紹介して、その労に敬意を表したいと存じます。

たずね人・黒田の聖人の身元探しは、どのような状況のもとで、いつ頃から始められたでしょうか。

宗祖法然上人は円光、東漸、慧成、弘覚、慈教、明照、和順という大師号を、それぞれ時の天皇様から頂戴されました。その大師号というのは、大導師、いわゆる天下の精神的指導者として有徳な高僧に対して与えられる尊称であります。最初の円光という大師号は、元禄十（一六九七）年の一月に、東山天皇様からいただかれました。上人はご在世中に慧光菩薩〔文治四（一一八八）年〕、ご入滅後に華頂尊者〔文暦元（一二三四）年〕などという尊称をいただかれていましたが、なにぶんにも大師号を頂戴されるのは初めてとあって、上人の流れを汲む道俗こぞって感激のあまり、この光栄を記念し祖徳の顕彰にあたろうという情熱にかられたのです。祖徳顕彰の第一歩はなんといっても、宗祖上人ご一代の行状を熟知させることでした。徳川時代の宗学者として今日にいたるまで大きな影響をもたらしている義山良照上人（一六四八～一七一七年）は、一般に公開されることもなく知恩院の宝庫に収蔵されている絵詞形式からなる『法然上人行状絵図』四十八巻に基づいて、その詞書を読みやすいように添削改文されました。その詞書を当代の能筆家である北向雲竹翁（名を正実、通称を八郎左衛門、号を渓翁大虎庵、法名を林観。一六三二～一七〇三年）が筆をはしらせ、詞書に対応する絵図を洛北小川鳴虎報恩寺前住明誉虚舟古磵上人（一六五三～一七一七年）が模写されました。それら詞書と絵図を一括して、『円光大師伝』と題し、一部二十四帖に仕立てて元禄十三（一七〇〇）年に上梓したのです。このように上人の行状が『四十八巻伝』を通して普及されていくのに平行して、それを拝読する手引書、いわゆる註釈書の需要にこたえて、義山上人は、元禄十六（一七〇三）年十二月に『円光大師行状画図翼賛』六十巻を脱稿され、翌年の宝永元年九月に柳枝軒から出版されました。この書物を私たちは『翼賛』と略称しています。

その『翼賛』第二十一巻には、

　此御消息、語燈録には黒田の聖人へつかはす御文とあり。

というように、『小消息』の宛先の人物を『和語燈録』に基づいて記されましたが、それ以上に黒田の聖人についてなに一つ探っておられないのです。しかるに義山上人は、宝永三（一七〇六）年二月中旬から五月初旬にかけて、洛西の華開院で『四十八巻伝』の講義をされました。その講義の中で黒田の聖人のことについて、

　さて、この消息は黒田の聖人へ遣さるゝ文也。黒田聖人は誰人と云こと未レ校。紀州並和泉にも黒田と云ふ所有れども、此の中に元祖の法流を酌む人もなし。尋レ之未レ知。

と指摘されたことが、門弟の高誉素中上人（生存年代未詳）によって筆録された『円光大師

御伝随聞記』の中に記録されています。義山上人はこの講義にあたって、黒田の聖人についていろいろ調べられたようですが、皆目なにもわからなかった、と述べられているのです。

その後、義山上人は正徳五（一七一六）年暮春から、知恩院山内の入信院において『和語燈録』の講義を始められましたが、第一巻の講義を終了の後、第二巻から以降の講義をされないまま、翌年の享保二（一七一七）年の秋のころ病に犯されて仲秋に遷化されました。門弟素中上人は師命によって第二巻以降、『拾遺和語燈録』巻下にいたる六巻について講義され、享保三年十一月に講義を終了し、ご自身の講録に第一巻の師説の筆録を加えて全七巻とし、これを『和語燈録日講私記』と題されました。その第四巻において黒田の聖人を、

黒田とは武家の名字にて、紀州国の黒田、和泉の黒田、美濃の黒田などあれども其等には非ず。此は伊賀国名張郡に在る処の黒田の人也。故に黒田の聖人と云なり。

と紹介されています。素中上人は師の義山上人の説をふまえながら、黒田の聖人を伊賀国名張郡黒田の住人で、しかも武家であると指摘されていますが、腑におちない点があります。その一つは、武家の人を聖人と呼ぶことはいかがかと思われますから、武家の出身でのち出家されたので聖人と呼ぶにいたったのでありましょう。今一つは、黒田という固有

名詞をはじめは名字とし、あとには地名扱いされていますが、名字と地名が同じであったのでしょうか。今さら、おたずねする術もないことであります。

さて、素中上人はどのような根拠・資料に基づいて、このような説をたてられたのでしょうか。素中上人は、さきほどの『日講私記』の文章に続いて、その根拠を次のように示されています。

彼の処に一字有りて石塔現在せり。是れ黒田聖人の遺蹟也。今は知恩院末の名張郡の栄林寺の末寺分にて草堂の様なるあり。昔は一寺と見へたり。石塔の中央に日本浄土宗元祖源空上人とし、其左右に各八名（二人つゝ並へて四段也）を、何々上人として彫めり。此の中の第一は黒田の聖人なるべけとも、文字摩滅して見へず。是故に実名も不レ知也。元祖のは慥に見へたりと。石塔の上宝珠の形にして、少し上の方によせて内を広して、丸く穴を彫りたり。遺骨にても納めたる様子に見ゆる也。

素中上人が示された石塔に基づいて紹介された説は、まことに失礼ながら、私をふくめて読者の皆様方を承服させるだけの証拠を示しておられないのであります。この石塔に関する知識は素中上人が現地に赴いて実地調査をされての結果なのか、有縁の方が上人に寄せた情報に基づいた説なのか、今さら確かめようもないことであります。しかし、いずれにしましても「第一は黒田の聖人なるべけとも　文字摩滅して見へず」と、あからさまに記しておられるように、石塔に「何々上人として彫」られた八名の方がたの筆頭に黒田の聖人と刻まれているに相違ない、という未確認のことがらを前提としてたてられた説でありますから、まともに受けとるわけにはまいりません。

ともかく円光大師号の下賜を導火線として、宗祖上人の行状をあきらかにする研究のなかから取りあげられたのが、この黒田の聖人に関する身元調べであったと言えるでしょう。『日講私記』に紹介された素中上人の説はその後、宗の内外においてひろく用いられることになったのです。

その後、黒田の聖人に関する素中上人の紹介文について、「自分も兼て義山和尚の『日講私記』の記事に就ては、疑問とせる一人で、黒田の聖人、並に元祖上人の分骨塔と謂ふ伝説に関しては、徹底的解決が試みたいと思ふて居た」とは、『浄土宗史の研究』の著者伊藤祐晃上人（一八七三〜一九三〇年）であります。

伊藤上人は大正十三（一九二四）年七月、黒田庄に赴いて石塔の実地調査にあたられ、その年の十月「伊賀国黒田荘における古碑調査と黒田の聖人考」という論文を、『中外日報』紙上に発表されました。伊藤上人が実地調査にふみきられたのは、該当地を旧領地とする藤堂高尚男爵が、史蹟調査に関心たかく熱心なお方でしたので、他宗の門徒でありながら件の石塔についての調査を、伊藤上人に依頼されたことに起因しているのです。

この当時、伊賀地方においては、いかなる地誌、記録の類に基づいてのことか詳かでありませんが、ともかく、伊賀国名賀郡錦生村字黒田に、浄土の法門を信仰し、法然上人に厚く帰依され『小消息』というご返信をいただかれた黒田の聖人という高僧がおられたこと、さらにそのような関係から、法然上人ご入滅後、上人の分骨を迎えて石塔を造り納骨したということが、一般に知られていたようです。この民間伝承の説について、実地調査をされた伊藤上人は、どのような判断をくだされたのでしょうか。

伊藤上人は石塔の刻字を拓本にとられると、予想外の文字を読みとられることになったのです。

㊨　至徳元（一三八四）季甲子六月二五日
（右側）源空大和尚　然阿大和尚　向阿大和尚
中央　日本浄土祖師

（左側）弁阿大和尚　礼阿大和尚　玄心大和尚
㊧　願主　沙門　智玄

というのが、それでありｍます。かく実地調査によって素中上人の紹介文が想像に基づいた、根も葉もない説であることを立証されたのであります。

素中上人は『和語燈録日講私記』の第四巻のなかで、黒田の聖人という呼称について、文字摩滅して見えないが、伊賀国黒田の荘の草堂に安置されている石塔に確かに刻まれているはずである、という推定の説を発表されましたが、その後二〇六年という歳月を経過した一九二四年に、実地調査にあたられた伊藤祐晃上人によって、あえなく虚説であることがあきらかにされたのです。しかも伊藤上人が調査に基づいて発表された石塔の刻字は、三重県名張市文化財調査会によって、石塔のひび割れの補修を平成三年の四月から六月にかけて実施された時、平行して行われた綿密な調査によって刻字を確かめられましたが、あやまりのないことを確認されるに至ったのであります。してみますと、この石塔はもはやこの拙稿の本題である黒田の聖人とは、まったく関係のないことが確かめられたことになります。

しかし貞享四（一六八四）年に菊岡行宣（法名を如幻。一六二三〜一六九九年）が著した『伊水温故』や、元禄年間（一六八八〜一七〇三年）の記録『蓮門精舎旧詞』には、この石塔を安置している寺号を栄林寺の本寺である宝池山本寿院法然寺と記し、宗祖上人の分骨を収めていると明記しています。これらには黒田の聖人のことを記述していませんが、分骨に関する限り『和語燈録日講私記』の推定説に基づいて敷演している、といわねばなりません。

この石塔はたとえ黒田の聖人に関係がないと申しましても、浄土宗教団史という立場からは見のがすことができない貴重な資料でありますから、深入りしない程度で紹介しておきたいと存じます。

浄土宗には七箇の大本山がありますが、その一つである清浄華院《じょうじょうけいん》は、京都御所の東側、寺町通りの広小路を北に往った東側に堂々と甍を誇っています。この大本山に収蔵されている正和五（一三一六）年の日付をもつ『末代念佛授手印』の奥書に、

授手印

源空―弁阿―然阿―礼阿―向阿―玄心

と次第する、相承血脈《そうじょうけちみゃく》の譜を記しています。奥書は次いで両手印《りょうしゅいん》、添書と次第して最後

に「正和五年三月十九日　沙門向阿　花押」と記されてあります。この源空（法然上人）、弁阿（弁長上人）、然阿（良忠上人）、礼阿（然空上人）、向阿（証賢上人）、玄心（承空上人）という相承血脈の譜を、至徳元年六月に智玄上人がそのまま刻みこんで、その上に「日本浄土祖師」という六字を冠したのが、この石塔であると考えざるを得ないのであります。この相承血脈の譜と石塔の刻字とを見比べていた私は、この奇しき事実をつきとめて一驚したことであります。

このように相承血脈の譜をそのまま石塔に刻み写すことの本意は、いったい何なのでしょうか。おそらく、奥書の両手印に続いて記されています添書の示す内容を公開するためであったと思われてなりません。いうところの添書の内容について、畏友大正大学教授玉山成元博士は、つとに「一条派然空と清浄華院の発展」（昭和五十五年十一月刊『中世浄土宗教団史の研究』所収）という論稿のなかで、源空→弁阿→然阿→礼阿→向阿→玄心と「受け継れた教えこそ、浄土の正義であるということを主張したものである。つまり一条派の正義を強調したものである」と指摘されています。このことは、浄土宗第三祖然阿良忠上人の門弟六人いられる中、京都で活躍されたお三方のなかのおひとりである礼阿然空上人（生年不詳〜一二八七年）の系統こそ、宗祖法然上人から綿々として受け継がれてきた浄土宗の正系であることを世間に誇示し、ながく伝えるために火災・破壊の難からのがれやすい石材の上に刻み写された、と考えて大過ないと思う次第であります。

そのような意図、本意をもって造られた石塔は、どのような因縁によって、至徳元(一三八四)年の六月二十五日という日付を刻み込む必要があったのでしょうか。「日本浄土祖師」の一番最後に刻まれている玄心大和尚は、清浄華院の第五代向阿証賢(一二六五〜一三四五年)のお弟子で、承空玄心、寂幽と号して清浄華院の第六代のお方であります。伊藤上人は『法水分流記』(西山深草派静見編　永和四(一三七八)年)に基づいて、玄心上人を康安元(一三六一)年三月二十七日に七十三歳で遷化された方であると断定し、そのお弟子である智玄上人(生存年代不詳)が、師匠玄心上人の「二十五回忌に当るので、是の石碑は前年の予修に」造営されたのである、と指摘されています。しかるに玄心上人は、『清浄華院誌要』によりますと「貞治二(一三六二)年六月二十六日寂」と記されてあります。この石塔を造営した至徳元年はまさしく玄心上人の二十三回忌に相当しますから、その祥月命日の月日を刻んで師恩に報いると共に、清浄華院の法燈の正統性を末代にいたるまで世間に伝えようとされた、と考え直してもよいではないでしょうか。

石造古美術について造詣の深い、佛教大学出身者で市井の篤学の士、斎藤彦松氏は、今から三十年ほど以前に、㈠この石幢塔は浄土宗の生んだ形式であるけれども、遺品としてはただ一つしかないこと、㈡この種の石幢塔のほとんどが仏像や経文、あるいは真言陀羅尼を刻み込んでいるのに対して、浄土宗の祖師方の名が刻まれているので、一宗の信仰対象として、㈢堂内に安置できるように造られている、と名古屋の建中寺で催された浄土宗教学大会で発表されたことを、お伝えしておきたいと思います。

さて、智玄上人はこの石塔を、なぜこの伊賀国黒田の荘に造営されたのでしょうか。伊藤上人はまず『東大寺衆徒参詣伊勢大神宮記』に基づいて、東大寺再建の大勧進職という重責を担った俊乗房重源上人（一一二一〜一二〇六年）と、東大寺領である黒田荘との関係をあきらかにされます。

重源上人は文治二（一一八六）年二月中頃、伊勢神宮に詣でて、東大寺再建が支障なく無事に終了することを祈願されました。この時、皇大神の託宣をうけられた重源上人は、それに報いるべく大般若経を二部書写して、内宮と外宮とに奉納することになりました。この写経の料紙を提供した人はなんと、平清盛の弟でありながら、源頼朝におぼえめでたい池大納言平頼盛（一一三二〜一一八六年。伊藤上人は、宗祖上人の愛弟眞観房感西上人の実父と明記されている）と、治承四（一一八〇）年十二月、東大寺と興福寺を灰燼に帰せしめた張本人平重衡（一一五六〜一一八五年）の妻・輔子、比丘尼三位局〔後白河法皇の近臣で、治承五(一一八一)年閏二月に法然上人を戒師と臨終の善知識と仰いだ藤原邦綱の養女、安徳天皇の乳母〕でありました。その後、写経を終えた大般若経一部六百巻を二部、大唐櫃に収めた奉納隊の一行は、その年の四月二十三日に東大寺南大門を出達して、その日の内に伊賀国黒田の庄に着き、一夜をあかした翌日伊勢に向って出達した、という『参詣記』の記事に基づいて、黒田の庄と重源上人を結びつけられたのであります。さらに伊藤上人は、宗祖上人と重源上人との交わりや黒田の荘が東大寺領であること、その寺領内に「念仏衆」が存在していたことを踏まえながら、「黒田聖人とは東大寺勧進職なる俊乗房重源上人に対する一時の仮名ではあるまい歟、と推論するに至った」と記されています。つまり、『一紙小消息』は俊乗房重源上人に宛てて記されたお便りである、ということになります。

この伊藤上人の説は、智玄上人がなぜ黒田の荘に石塔を造営されたのか、という問いから出発されました。しかし結果としては、解答となっていないように思われます。このことは、宗祖上人が「往時此地を支配せる黒田の聖人に、一宗肝要の要領を録して授けられた故実に拠る」と前おきしていられるように、石塔の実地踏査に基づいて否定されたはずの『和語燈録日講私記』に示されている「伊賀国名張郡に在る処の黒田の人也。故に黒田の聖人と云ふなり。（中略）　この〔黒田の聖人へつかはす〕文を〔四十八巻〕伝文第廿一巻に載す。実に宗門肝要の文也」という素中上人の説を捨て切れなかったことに起因しているのです。だから、石塔に刻まれていない黒田の聖人をとりあげ、あまつさえ黒田の聖人を重源上人に仕立てられたのであります。また、たまたま黒田の荘という地名を、黒田の聖人の黒田と重ねて受け取り、さらにその上に黒田の荘から数里も隔たった伊賀国阿山郡阿波村に、新大佛寺を重源上人が創建されたことにひきずられて、黒田の聖人を重源上人である、と推論されたようであります。ともかく、伊藤上人がご苦労を重ねられたこの推論は、まことに遺憾ながら、説得させるだけの史料が十分である、と言い得ないのであります。

さて、伊藤祐晃上人に続いて幻の人「黒田の聖人」の実像追跡に取り組まれたお方は、いったい、どこの、どなたでしょうか。そのお方は三田全信《さんだぜんしん》上人（一九〇三〜一九八二年）であり、しかも私の知る限り最後の追跡者であります。

三田上人は『成立史的法然上人諸伝の研究』（一九六六年五月　光念寺刊）をはじめ、『改訂増補浄土宗史の研究』（一九八〇年三月　山喜房佛書林刊）の著者として知られるように、浄土宗史を専門に研究されたお方であります。とは申しましても、浄土宗は京都教区一条組光念寺のご住職として、檀信徒の教化と寺門の興隆に尽瘁されるかたわら、研究に没頭され、招かれて佛教大学文学部史学科に非常勤講師として教壇に立たれたこともありました。まことに稀にみる在野篤学の士で、その清廉にして温厚なお人柄に、多くの人は親しみを感じ、道交を深めたことでした。

三田上人による「黒田の聖人」についての研究は、『成立史的法然上人諸伝の研究』と、同じく自著の『浄土宗史の新研究』(一九七一年十一月隆文館刊)のなかに収録されています。このなか、後者に収められてある論文は、一九七一年の三月に、浄土宗教学院研究所から発行された機関誌『佛教文化研究』第十七号に発表されたのを転載されたのであります。そういたしますと、伊藤上人が伊賀国黒田荘に石塔を実地調査され、その成果をふまえた「黒田の聖人考」が発表された一九二四年からこのかた、指折りかぞえて半世紀に近い時間的経過を得て、やっと実ったのが、三田上人の労作である、と受けとめることができます。

三田上人の二つの労作のなか、はじめの『成立史的法然上人諸伝の研究』という大著は、その著書名によってほぼ、その内容が察せられるように、法然上人の各種伝記十八種について、それぞれに類別考と特異記事という二項目を設けて、各伝記の成立年代や伝記作者、さらに伝記作者の意図や諸伝記の系列などを探った、文字通りの「成立史的」研究であります。したがって、「黒田の聖人」の実像を追跡することを目的とし、意図とする著書ではありません。しかしながら、十八種という数多い法然上人諸伝記のなか、比較的早い時代にこの『一紙小消息』の御文、すべてではありませんが、まとまった御文として伝記のなかに掲載したのが、『法然聖人絵』という残闕本であります。そういうわけで三田上人は、この『法然聖人絵』という伝記に関する研究のなかで、「黒田の聖人」にふれられることになったわけであります。

この『法然聖人絵』の第一、二、三巻は堂本家の所蔵、第四巻だけが知恩院の所蔵となっていますが、題名の『法然聖人絵』は第一、二、四巻の首題であります。しかるに、第一、三巻の尾題は『黒谷上人絵伝』、第四巻の尾題は『黒谷上人絵』となっています。首題と尾題は異にしてはいますが、ともに絵詞形式になる伝記であります。また第一、二、四巻の尾題の下に「釋弘願《ぐがん》」という署名が置かれていますが、この伝記の所有者の名であって、決してこの伝記の作者名ではありません。法然上人伝研究者の間では、この『法然聖人絵』を『弘願本』と呼んで親しんでいます。

さて、『一紙小消息』の御文は、この『弘願本』のなか、七段からなる巻第三の第三段目の詞書のなかに抄録されています。この第三段目の詞書の内容は、おおむね次のようであります。

承安四（一一七四）年の春、法然上人が比叡山は西塔黒谷をあとにして、京のみやこに下られたのは「ひとへに他を利せんがため」で、東山連峯のふもと吉水の地に居を占められました。ときに法然上人は、往生極楽の教えを弘め、称名念佛の一行を勧められたので、僧侶も俗人も、こぞってその教行に帰することになりました。このことを伝記作者はあたかも「草の風になびくがごとし」と綴り、この教行を信仰する人は、感応道交を得たと記しています。このあと、この段には、宗祖上人が人に向かって、

佛告阿難。汝好持是語。持是語者、即是持無量寿佛名。

という、『観無量寿経』の流《る》通《づう》分《ぶん》に説かれてある経文を口誦されたことを指摘し、続いて『一紙小消息』の「罪人なを往生す、いはんや善人をや。行は一念十念に往生すと信じて、一期退転することなかれ。一念猶往生す、いはんや多念をや」という御文から以降、「憑ても猶可ㇾ憑は乃至十念の誓、信ても（猶可ㇾ信は必得）往生の文なり」という結句までの御文を抄録して、この第三段を結んでいます。

さて、三田上人は二つの労作をとおして示された「黒田の聖人」の実像は、精粗の相違

がありましても、中身の内容に相違がありませんから、二つの労作を個別に紹介するよりも、ひとまとめにしてご紹介した方が解りやすいと思いますので、一括してご紹介しようと思います。

三田上人は、「黒田の聖人」という幻のお方を、宗祖上人のお弟子の一人である行賢上人である、と推定されたのであります。ところが、宗祖上人のお弟子のなかに行賢上人というお方がいらっしゃるということは、絶えてお聞きしたことがない、とおっしゃる方が大変多いかと存じます。ことそれほどに行賢上人は、宗祖上人の上足法蓮房信空上人、聖光房弁長上人、勢観房源智上人などのように、著名なお弟子でなかったようであります。しかし法然上人の諸伝記を集大成した四十八巻からなる『法然上人行状絵図』（『四十八巻伝』）巻第九には、まぎれもなく「源空上人　ならびに門弟行賢大徳」と明記してあります。したがって知る人ぞ知るで、稀にご存じの方もいらっしゃるかと存じます。

ともかく、宗祖上人の門弟としての行賢上人は数多い宗祖上人諸伝記のなか、ただ『四十八巻伝』巻第九にただの一度だけ、登場されるお方なのです。してみますと、行賢上人は、宗祖上人一期八十年のご生涯中、いずれの時期の、いかなる事件のなかに登場されるお方なのでしょうか。

行賢上人が登場する『四十八巻伝』巻第九は、詞書六段と、それに対応する絵図五段からなっています。この巻第九は「仙洞御所における如法経」の記事に始終していますが、詞書の第一段には「門弟行賢大徳」と明記され、絵図の第二段には持幡の行賢上人が描かれています。「持幡」という役柄のことは『四十八巻伝』に明記されてありませんが、それに対応し得る資料『門葉記』に「弟子僧持幡」と明記されています。この如法経は文治四（一一八八）年八月十四日からその前方便を始め、九月四日に写経用の料紙が届けられ、八日に写経の水を迎え、十一日に「御筆立」、つまり写経を始めることになりました。ときに法然上人は五十六歳でした。

文治四（一一八八）年、法然上人御年五十六歳のとき、後白河法皇（一一二七〜一一九二年）が主催された如法経の執行にあたって、宗祖上人のお弟子として「持幡」の役を勤められた「行賢大徳」とはいったい、どのようなお方であったのでしょうか。

「行賢大徳」については、遺憾ながら数多い法然上人諸伝記のなか、ただ一度だけ『四十八巻伝』にその僧名を記しているに過ぎないのです。それだけに、なんとしてでも「行賢大徳」について知りたいというのが人情であります。そうした探求心をもやして諸文献をあさり、その上に「行賢大徳」を求められた最初のお方は、徳川時代の義山良照上人（一六四八～一一七一七年）でした。

義山上人は『法然上人行状画図翼賛』六十巻を著し、とくにその巻五十七「僧尼」篇のなかに、諸文献から「行賢」と名のつけられた僧侶を八名選びだし、「行賢大徳」を考える資料とされました。まずはじめに、

一　多聞院法印権大僧都行賢

二　下総守有通四男仁和寺法橋行賢

三　左京権大夫隆信五代孫（比叡）山ノ僧性観ノ真弟（比叡）山ノ法印行快　本号行賢

というように、「行賢」という僧名を持つ僧侶を三名列挙し、さらに「行賢」の「賢」の字が「顕」、あるいは「憲」となっているのを、「賢」と音通するということから、左記の四僧を列挙されました。すなわち、

四　隆信嫡男信実曾孫（比叡）山ノ法印行顕

五　右少将憲俊第三男（三井園城）寺ノ行顕

六　権大納言雅俊第八男（三井園城）寺ノ行顕

七　聖覚法印伯父（三井園城）寺ノ行憲

というのがそれであります。

義山上人はなお、これら七僧を列挙したあとに、

これ皆、(法然)上人において因縁あり。故にここに記す。いまだ知らず、今指すところ(の行賢大徳)、いづれをか是とせんや。(『四十八巻伝』)の伝文に、(法然)上人(の)門弟と称すと雖も、いまだかつて勘《かんが》えるところに非ず。

『吉記』にいわく、治承五(一一八一)年三月十日、法勝寺阿弥陀堂御念仏始也。堂衆並居衆少々参集ス。章俊・行賢・栄然已上横川私云此上ニ列二東西両塔ノ衆一了

と追記されています。義山上人が、『翼賛』の上に示された旺盛な探求心と、なみなみならぬご労苦に頭がさがる思いを禁じ得ません。しかも義山上人は七僧を示しながら、「持幡」の役を勤められた「行賢大徳」は、「このお方である」という判断を下していられないのであります。義山上人の誠に慎重な態度に、敬意をあらわすばかりであります。

義山上人の「門弟行賢大徳」をめぐってのご労苦は、『四十八巻伝』巻第九第一段に記されています「持幡」の役を勤められた「行賢大徳」の実像をたずねるための資料集めでありました。したがって、「黒田の聖人」の実像をさぐるためのご労苦ではなかったのであります。

しかるに三田全信上人は、俊乗房重源上人(一一二一〜一二〇六年)によって建仁二(一

二〇二）年に、伊賀国（三重県阿山郡大山田村富永）に開創された新大仏寺に遺存する一紙に綴られた重源上人直筆と伝えられる八行からなる「敬白」の文、一部破損していますのですべてを読みとることができませんが、第二行目の冒頭に「僧行賢」という三字が記されていることに注目され、「僧行賢」と「持幡」の役を勤められた「門弟行賢大徳」とを同一人物である、と推定されるにいたったのであります。

いうところの、新大仏寺に遺存する「敬白」を綴った一紙は直接拝見することができませんでしたので、新大仏寺主飯田俊正師が執筆・刊行された『新大佛寺誌』（昭和十五年五月刊）に掲載された写真銅版を拝見させていただきました。「敬白」は、左記のように読みとることができます。

敬白
僧行賢　空□　□（破損）
錦氏　戒阿弥陀佛　佐伯近清　平氏　藤井近□
紀氏　佐伯氏　□（二字分破損）茂安　薬師
太家氏　紀氏　北野久友
真阿弥陀佛　　藤井円它

右意者各為往□(生)極楽頓証井也
建仁二年十月□《破損》九日

という八行からなっています。

「敬白」というからには、文字どおり法会執行にあたって読みあげられる文章が綴られている、とばかり思っていましたが、右記のとおり僧名と俗姓とを記載し、最後に上記の方がたの「往生極楽、頓証菩提也」と、その意趣が明記されているに過ぎません。幸いに「建仁二（一二〇二）年十月□九日」という年月日が記されてありますが、遺憾ながら「敬白」の主人公の名が記載されていないのです。

たとえ、「俊乗房重源」と署名されてありましても、果たして真筆であろうか、といちおう疑いの目をもって見るのが常軌であります。まして署名がないとあっては、なおさらのことです。私は重源上人の真筆の書体と、この「敬白」の書体を比較して真偽を判断する能力を持っていないことを遺憾とする次第であります。そういうわけで、今ここでは、とりたてて筆跡の鑑定をさし控えたいと思います。

寡聞ながらこの「敬白」の筆跡についての論稿に接したことがありませんが、『俊乗房重源の研究』（昭和四十六年六月　有隣堂刊）の著者である小林剛先生はこのなかで、今の「敬白」について一言もふれておられません。小林先生は奈良国立文化財研究所の所長として、また「俊乗房重源上人の偉大なる文化事業について早くから注目され、これが実証的に調査研究には戦前・戦後を通じ、およそ三十年に亘る学究的生涯を費やされた」（『同書』）に対する東大寺長老・筒井英俊師の序文）ほどの重源上人通の大家が、この「敬白」をとりあげていられないことをお伝えして置きたいと存じます。

さて、三田上人は義山上人が選びだされた七僧の「行賢」のなかから、第二番目にあげられた「仁和寺法橋行賢」をとりあげ、まず『尊卑分脈』に基づいて、大納言成通卿の子、下総守有通の子息に美濃守宗光、比叡山の少僧都実昌、三井園城寺の阿闍梨覚舜に続いて「仁和寺法橋行賢、母新勅作者」が記載されていることを確かめることによって、義山上人の紹介に謬りのないことを確認されました。なお義山上人の記述には「法橋行賢」に続いて「有㆓真弟㆒人号㆓法印覚寛㆒」とありますが、その「覚寛」は『尊卑分脈』によりますと、仁和寺の法印であり、しかも「法橋行賢」の子息となっています。

そのことはともかくとして、三田上人はさらに、『覚洞院僧正入壇資記』に基づいて、「法橋行賢」がいくつの年齢の時であったか記載してありませんが、文治二（一一八六）年の十二月に、御室仁和寺の覚洞院に式衆として入寺したことを指摘されるとともに、建久四（一一九三）年八月以降、この『入壇資記』に「法橋行賢」に関する記載を見出せないことに注目し、文治二年十二月から建久四年八月にいたる七ヶ年の間、「法橋行賢」が覚洞院の持金剛衆、誦経導師、散華神供、あるいは唄等の役を勤めていたことをあきらかにされました。

続いて、建久二（一一九一）年十二月付の「仏弟法橋上人位　敬白」と結んでいる『法橋行賢於広隆寺修善願文』によって、太秦《うずまさ》の広隆寺本尊、薬師如来の尊前に、「法橋行賢」が自分自身の疾病平癒を祈願していることを紹介されました。その願文によりますと、一切衆生の疾苦を専ら救うという医王薬師如来に対して、「長自施浄供而八年」と言い、また「毎月企予参而十年」と記されてありますから、彼が覚洞院に入寺する以前すでに疾病を患い、苦悩するところがあったので、養和二（五月二十七日に改元、寿永。一一八二）年から毎月広隆寺に参詣を始め、寿永三（四月十六日に改元、元暦）年から供養を施し、その間、薬師如来像三十体の摺写、一箇月あて百遍の参詣、薬師本願功徳経の摺写十二巻、七仏薬師並びに日光・月光両菩薩の種子を入れた鏡面の鋳造などを実施していたことが知られます。

この「仁和寺法橋行賢」と重源上人直筆と伝えられる「敬白」に記された「僧行賢」とは、果たして同一人物なのでしょうか。それと同じように、如法経に出仕し「持幡」役を勤めた「行賢大徳」と「法橋行賢」とを同一人物視できるのでしょうか。義山上人が列挙された七僧のなか、「法橋行賢」と比叡山「横川行賢」とはたしかに「行賢大徳」と同時代の僧侶である、と考えてよいでありましょう。しかし「行賢」という名は、この時代にあっては僧侶だけにつけられたわけではありません。寡聞ながら、建久五（一一九四）年十二月二十六日から始められた東大寺中門の二天像造立のことが、『東大寺続要録』造仏篇に記されています。そのなかに、大仏師定覚が主宰者となって造立にあたった西方持国天像に関係した小仏師十三人の一人に「行賢」の名を見出すことができるのです。これは一例に過ぎませんが、記録に遺されていない「行賢」という人物を予想して置く必要があろうかと思うのであります。

ともかく三田上人は、文治四（一一八八）年に催された如法経の執行にあたって、「御先達」として法然上人が後白河法皇から招かれた時、上人のお伴をした人、つまり『法然上人行状絵図』に記載する「門弟行賢大徳」と、『翼賛』や『覚洞院僧正入壇資記』に記されている「法橋行賢」、さらに伊賀の新大佛寺所蔵の重源上人自筆といわれる建仁二年の「願文」の筆頭に記載されている「僧行賢」とを同一人物とし、この人物こそ尋ね求めている「黒田の聖人」その人である、と考えられたことについて、検討を加えたいと思います。

『法然上人行状絵図』は、「門弟行賢大徳」がいかなる役を勤めたかについて、なんの記載もしていません。しかるに『門葉記』によりますと、「小上人《ヘ》御先達上人《ノ》弟子」であるとか、「上人弟子僧持幡」と記されてありますから、「持幡」という役を勤めたことを知ることができます。いうところの「持幡」の役は、小童が選ばれて役につくのが慣わしのようでありますので、さして重要な役でないのであります。法然上人はこの年ちょうど五十四歳でしたが、はたして「持幡」の役を勤めるにふさわしい年齢のお弟子をお持ちになっておられたでしょうか。察するところ、上人のお弟子には法蓮房信空上人（一一四六〜一二二八年）と真観房感西上人（一一五三〜一二二八年）のお二人ぐらいしかおられませんでした。信空上人はこの時四十二歳、感西上人は三十六歳でありましたから、「持幡」の役を勤めるには年長けて、ふさわしくありませんでした。そのようなことから、どうしても如法経執行の間だけ、どなたかのお弟子を拝借しなければならないことになりました。その頃多数の門弟を持っていられた俊乗房重源上人（一一二一〜一二〇六年）から、お弟子を拝借されたのが、「門弟行賢大徳」であると、三田上人は推察されているのであります。

さて文治四（一一八八）年の頃、法然上人はお弟子に「持幡」の役を勤めるにふさわしい年齢のお方がおられなかったのは認められることです。しかし上人は比叡山の出身者であり、もと天台僧でありましたから、その縁故をたどれば「持幡」の役を勤める小童、『門葉記』に記される「小上人」を「小童」と考えてよいものか、どうかよくわかりませんが、ともかく小童を他借することができたはずにも拘らず、なぜ、重源上人のお弟子を拝借されたのでしょうか。このことが、どうも腑に落ちないのであります。

この問いかけに対して三田上人は、ただ「法然上人と重源とは極めて昵懇であった」と指摘され、そのゆえんを、古本『漢語燈録』（恵空書写本）に収められている「『阿弥陀経釈』末尾」に求められています。『阿弥陀経釈』は、治承四（一一八〇）年の十二月、平重衡によって焼き打ちされた南都東大寺の再建工事さなかの頃に、法然上人が半作の大仏殿軒下で、浄土三部経を講釈された時の講録であります。版本によって種々の異同がありますが、古本『阿弥陀経釈』と正徳五（一七一五）年正月の義山開版本の末尾には、等しく、

文治六年二月　於二東大寺一講レ之畢
所請源空上人　能請重賢《マヽ》上人

と記載されています。しかし寛永九（一六三二）年版と承応三（一六五四）年版には、この二行の記載はありません。申すまでもなく、「重源上人の要請を受けた源空・法然上人がそれに応じられました」という第二行目の記載は、後人の書き入れであっても、決して法然

上人ご自身による記載ではありません。してみると、たとえ所請・能請の関係が事実でも、法然上人直接の記載でない限り、ただちに「昵懇」の間柄であったという証明にはなりません。しかし巻末に近づいたところに記されている本文には、

法王聖人多年之厚儀、一旦難レ背《キ》、設雖レ捨レ身顔色難レ乖。

と、古本『阿弥陀経釈』に綴られてあります。つまり、「後白河法王と重源聖人のお二方からは、情の深く厚いまじわりを頂いていますので、いちどたりとも背くことができません。たとい、身を投げ捨てても、お申し出を頂いたからには、顔色を整えてご命令に従うばかりで、たがうわけにはまいりません」という法然上人のお心によりますと、三田上人が指摘された「昵懇」な間柄を察することができるのであります。しかるに、このことは文治六年の時点のことでありますから、如法経が執行された文治四年以降のことなのであります。

この三田上人の説は、おそらく大原談義をふまえてのお考えであったように思われます。それは文治二（一一八六）年（一説に文治五（一一八九）年）の秋、洛北大原の別所に住まっておられた顕真法印（一一三一～一一九二年）の主催のもとに、法然上人を招聘して大原勝林院の丈六堂で開かれた談義、世にいう大原談義（一名、大原問答）の席に、重源上人が

門弟をひきつれて参加し、しかも法然上人の側につかれたことを前提としておられるのでしょう。いずれにしても、法然上人と重源上人との関係がいつ頃から始まり、具体的にどのように昵懇であったのかということは、容易に文献の上に見出せないことであります。それにも増して、三田上人が一言もふれておられない、私が提案しました、法然上人はなぜ「持幡」の役を勤める小童を、比叡山関係者の上に求められなかったかということも、解くことのできない謎でありましょう。しかし、たとえそうでありましても、私の提案した疑問は、いつまでも残ることでありましょう。

さらに続いて三田上人の説は、いくつかの想定の上に立っていることを申し述べたいと思います。

その第一は、「法橋行賢」が文治二（一一八六）年の十二月に仁和寺覚洞院へ式衆として入寺したことを『覚洞院僧正入壇資記』によって示されていますが、その入寺について「恐らくは重源と勝賢との関係によるのであろう」と想定されています。ここにいう勝賢とは、かの平治の乱で死亡した藤原通憲（出家して信西と改む。一一〇六～一一五六年）の子息で、法然上人と関係のあった高野の明遍僧都空阿弥陀佛（一一四二～一二二四年）の肉弟にあたる方であります。三田上人は『東大寺別当次第記』に基づいて勝賢が建久三（一一九二）年から七年までの四年間、東南院に在って「大佛殿寺務」を執行していたことを示され、さらに『仁和寺諸師年譜』によって勝賢が覚洞院を管領していたことを示されると共に、九条兼実の日記『玉葉』の建久五（一一九四）年二月七日の条の記事に基づいて、「東大寺雑事注文」の件をめぐって、勝賢僧正と重源上人が召集を受けていることを指摘され、これらの資料を踏まえて両上人が接触する機会があったことを明らかにされたのです。しかしこの『玉葉』の記事は、「法橋行賢」が覚洞院に入寺して以後、八年を経過してのことでありますから、たとえ「真言宗を同じくする両上人の接触は、さらに以前にあったと考えられる」と指摘されてあっても、想定の域を脱しない説であるといわねばなりません。したがって、重源上人と勝賢とが「法橋行賢」の覚洞院入寺にかかわったという三田上人の説は、あくまでも想定説なのであります。

その二、さらに三田上人は、「法橋行賢」が建久二（一一九一）年の十二月に、太秦広隆寺の本尊薬師如来に疾病平癒を祈念して撰した願文、『法橋行賢於広隆寺修善願文』に基づいて、「法橋行賢」が疾病の人として平癒を祈願しなければならないほど、病に悩まされていたこと、さらに『覚洞院僧正入壇資記』に建久四年以降、「法橋行賢」に関する記事が皆無であるのは、病気の悪化に伴って式衆を辞退したことに起因するという考えを述べておられます。これらの二点は、認めてよいと思われます。しかしながらこれらの二点を踏まえて、新大仏寺所蔵の建仁二（一二〇二）年の願文に記載されている「僧行賢」とを同一人物視して、「法橋行賢」はすでに建仁二年にこの世の人でなかった、と想定されていますが、はたしていかがなものでしょうか。

三田上人は「法橋行賢」が「建久四年、療養のため温暖で空気のきれいな伊賀の黒田へ赴いたのではあるまいか」と想定されることによって、「法橋行賢」と「僧行賢」とを結びつける努力を払っておられますが、まったく根拠のない想像といわねばなりません。仮に「法橋行賢」と「僧行賢」とが同一人物であったとしても、重源上人はなぜ「僧行賢」のために、「往生極楽頓証菩提」を祈らなければならなかったのでしょうか。しかも願文の筆頭に「僧行賢」の名が記載されているとあっては、重源上人とよほど深い間柄にあった人物と考えざるを得ないのです。しかし納得のいく資料がためがないために、せっかくの三田上人の説を容易に認め得ないことを遺憾とする次第であります。さらに「法橋行賢」が伊賀の黒田へ移ったという三田上人の説は、「黒田の聖人」の「黒田」にひきずられてのことであり、その根底に重源上人と結びつけたいという恣意のあってのことのように思われてならないのです。

ともあれ三田上人は諸種の資料をあさって「黒田の聖人」の実像にせまられた気迫と努力に対して敬服する次第であります。しかし今一つ資料がためが十分でないために、想定の域を脱しない嫌いのあることを遺憾とします。したがって「黒田の聖人」を重源上人に関係深い「僧行賢」である、と決めつけるわけにはまいりません。

私は「たずね人・黒田の聖人は幻の人か」と題して、黒田の聖人の実像を追求された義山、素中、伊藤祐晃、三田全信の諸上人の説を紹介しながら、私見を述べてまいりました。先達諸上人のご業績に対する数々の無礼を、深く懺悔いたしています。しかし私も諸上人同様、黒田の聖人の実像を追求している一人であることを、お認めいただきたいと存じます。

「黒田の聖人へつかはす御文」とは道光了恵上人の命名するところであります。黒田の聖人の実像を追求することもさることながら、了恵上人がいかなる根拠に基づいて命名されたのでありましょうか。このことが判白になるまでは、黒田の聖人はいつまでも幻の人と申さねばなりません。

『一紙小消息』の伝承と異本

数多くある法然上人の消息のなか、『黒田の聖人へつかはす御文』は、その門弟、とくに浄土宗第二祖聖光房弁阿弁長上人（一一六二～一二三八年）や第三祖然阿記主良忠上人（一二〇一～一二八七年）など、宗祖上人の法流を汲み、浄土一宗の幹線を築きあげられる列祖たちの上に、どのように頂戴され、伝承されていたでありましょうか。

この『一紙小消息』にかぎらず、宗祖上人のご遺文を継承しながら、その本文を自著の上に引用することは、少なくとも、記主上人を待たねばなりません。宗祖上人の直弟で、しかも記主上人の師匠でもある聖光上人ほどのお方が、なぜ記主上人のように数多く師の上人のご遺文を引用されなかったのでしょうか。その事由は何にであったのでしょうか。

このことは、決して師の上人のご遺文を無視し、黙殺されてのことではありません。聖光上人は建久七（一一九七）年の五月に宗祖上人の膝下の方となられ、約八、九ヶ月の間、一時帰郷されたことがありましたが、元久元（一二〇四）年八月上旬に至るまで宗祖上人の元にあって、『選擇本願念佛集』をはじめ、浄土の法門を直々にお受けになりました。宗祖上人はその年の十月に、延暦寺の衆徒が専修念佛の停止を座主真性に訴えたのに対し、十一月に『七箇条起請文』を撰して門弟を誡めると共に、天台座主にその起請文を提出されました。宗祖上人は専修念佛浄土門に対する弾圧が次第にエスカレートする気配を前もって感じとられ、先々を見通して、かけがえのない法器である聖光上人を弾圧の渦巻のなかに巻き込まないように、郷里の九州へ帰されたのであります。それ以来、聖光上人は師の上人が入滅なされた時も入洛されずにずっと九州にあって、筑前、筑後を中心として教化に専念されていました。

そのような事情から、京都を中心とした各地に散らばっている師の上人のご遺文を、聖光上人が探し求めるには地域的にあまりにも遠きに失して、無理なことでした。そうしたことを考慮いたしますと、聖光上人は師の上人が個人に宛てられた消息や、問いに対する回答の類を、自著の上に引用できなかったと思われます。たとえご遺文の一部を師の上人、あるいは同門のお弟子仲間から届けられたことがありましても、聖光上人は師の上人から直接いただかれた浄土の法門を、自家薬籠中のものとしながら、師説の布衍に尽くされたのであります。したがって聖光上人は『黒田の聖人へつかはす御文』という題名はもとより、その本文を自著の上に引用されることは、絶えてなかったわけであります。

これに反して記主上人は、宗祖上人のご遺文を自著の上に引用して、その説に基づいて師説の顕彰に努められました。記主上人は宗祖上人のご遺文を引用するにあたって、宗祖上人を「故上人」、あるいは「祖師」という呼称をもってあらわしながら、ご遺文の題名を掲げ、その本文を引用されています。

つまりこのことは、記主上人の時代になりますと、宗祖上人はすでに入滅されていますので、宗祖上人から直接に教えを受けることができません。いきおい宗祖上人のご遺文を通して、その教えをいただくほかに道はなかったのであります。そのようなわけから、宗祖上人ご入滅後にその流れを汲む人たちが、背師自立の義にまどわされないためにも、血眼になって宗祖上人のご遺文を探索し、蒐集する必要にせまられたのであります。記主上人は師の聖光上人入滅後の宝治二（一二四八）年の春に入洛され、聖覚法印（一一六七〜一二三五年）の妹、浄意尼の招待を受けて『選擇本願念佛集』を談じられたことがありましたが、その在京中に宗祖上人の直弟で在命中の乗願房宗源上人（一一六八〜一二五一年）を醍醐の竹谷にたずね、あるいは正信房湛空上人（一一七六〜一二五三年）を嵯峨の二尊院に訪われて、耳底に残されている宗祖上人のお言葉や、筆録された遺文の蒐集に努められたのです。そのような事情から、記主上人は自著の上に和・漢双方にわたる各種の遺文を数多く引用されることになりました。

記主上人は聖光上人から拝領された浄土の法門をふまえながら、宗祖上人の主著である『選択本願念佛集』に註釈を加えた『選択伝弘決疑鈔』や、浄土門の教えに関する諸問題の解答をこころみた『浄土宗要集』(聖光上人の『浄土宗要集』を『西宗要』と名づけ、記主上人の著書を『東宗要』と呼んでいます)のなかに、『黒田の聖人へつかはす御文』を引用されています。とは申しましても、両者ともにその題名は明記されないで、ただ「祖師云」と前置きした上で引用されています。それも、本文全体の引用ではなく、ほんの一部だけの引用にとどまっています。

記主上人はなぜ、本文の全文を引用されずに、わずかに一部分だけを引用されたのでしょうか。『黒田の聖人へつかはす御文』という消息を、法語として受けとり、取り上げる場合にはその全文を必要としますが、ある種の問題について、その誤りを正すにあたって、記主上人の自説が宗祖上人のお考えとおりであることを立証するための文証として用いられたのでありますから、全文でなく、該当するところだけを引用すればこと足りるわけであります。

さて、『選択伝弘決疑鈔』は通常『決疑鈔』という略称をもって呼ばれていますが、記主上人が関東の地に入られてのちの著作で、建長二（一二五〇）年の二月に著作された『浄土大意抄』一巻に続いて、下総国匝瑳郡鏑木郷の領主であり、千葉家一族に属する鏑木胤定の要請をお受けになって、建長六（一二五四）年仲秋の初旬、記主上人五十六歳にして執筆されたのであります。現存する『決疑鈔』は五巻本でありますが、四巻本のあったことが伝えられ、今岡達音上人（一八六三～一九四二年）のご指摘によりますと、建治二（一二七六）年、記主上人七十八歳の時に再法され五巻本とされたようであります。しかしながら、建長六年の執筆当初に四巻本であったと断定出来る証拠はありません。五巻本にさきだつ四巻本が現存しない今日では、五巻本によるほかありません。その五巻本には、頻度数こそごくわずかでありますが、宗祖上人のご遺文であります『無量寿経釈』、『観無量寿経釈』、『阿弥陀経釈』、『逆修説法』といった漢語の類と、和語の『往生大要鈔』とともにこの『黒田の聖人へつかはす御文』を引用して、背師自立の義を是正し、伝統相承の正義を堅持することに努められたのであります。

また、『浄土宗要集』は五巻からなっていますが、二十四箇条に及ぶ論題をとり扱った著作であります。遺憾ながら記主上人がいつ、どこで撰述されたかは明らかではありませんが、おおよそ晩年の著作と考えられていました。しかるに近頃、廣川堯敏先生の研究成果では、弘安六年から八年（一二八三〜一二八五）に至る三ヶ年の間に、『浄土宗要集』の異本というべき『浄土宗肝心集』三巻を撰述されたあとで、この『浄土宗要集』を完成されたと指摘されています。十年にわたって京都に在住されていた記主上人は、弘安九（一二八六）年の九月十八日に鎌倉の悟真寺に戻られ、翌十年の七月六日に往生浄土の素懐を遂げられたのですから、『浄土宗要集』はまさに記主上人晩年の著作と言い得るのであります。

ところで、『決疑鈔』と『浄土宗要集』の両著作には、『黒田の聖人へつかはす御文』のなかから、いかなる御文が引用されているか、さらにまた、その引用はいったい、何のためになされたのかについて、調べてみたいと思います。

『決疑鈔』巻第一には、

祖師《ノ》云《ク》。信《シテ》三十悪五逆尚《モ》得《ヲト》二往生《ヲ》一而不《シトオモヘ》レ犯《サ》二小罪《ヲモ》一。罪人猶《ヲ》生《ス》況《ヤ》善人《ヲヤ》哉。云云。

と引用され、さらに『浄土宗要集』巻第四には、

祖師《ノ》云《ク》。罪《ハ》信《シテ》二十悪五逆《ノ》者《ノ》尚《ホ》生《ルト》一思《ヘシ》二少罪《ヲモ》不《シト》レ犯《サ》。罪人猶《ホ》生《ル》況《ヤ》善人《ヲヤ》。行《ハ》信《シテ》三一念十念不《ト》レ空、無間《ニ》修《ヘシ》。一念猶《ホ》生《ル》何《ニ》況《ヤ》多念《ヲヤ》。云云。

と引用されています。両者とも同じ箇所の御文の引用でありますが、表現に多少の相異を

認めなければなりません。しかし『黒田の聖人へつかはす御文』からの引用であることには間違いありません。

このような内容が『黒田の聖人へつかはす御文』の上に記されているからには、阿弥陀佛のお救いを信ずるあまり、念佛者は罪をおそれないとか、往生浄土の素懐を遂げるには、一念でこと足りるということを、まことしやかに吹聴する人たちが、宗祖上人ご在世の時に、すでに活躍していたと考えねばなりません。たとえば、『七箇条の起請文』のなかに、

つみつくらじと、身をつゝしんでよからんとするは、阿弥陀ほとけの願を、かろしむるにてこそあれ。又念佛をおほく申さんとて、六万遍などをくりゐたるは、他力をうたかふにてこそあれ、といふ事おほくきこゆる。かやうのひか事ゆめ〳〵もちふべからず。

（『和語燈録』巻第二所収）

と示されているのであります。

このような間違った「ひが事」は、宗祖上人ご在世中だけでなく、四十余年を経過したのち、記主上人が関東の地に入られた時、その地方にも伝播し、それを信受して宗祖上人がお説きになった念佛の真義をはきちがえ、邪義であることすら知らない人たちがあった

ればこそ、記主上人は『黒田の聖人へつかはす御文』を引用して、宗祖上人の真義を伝え、誤りを正そうとされたのであります。

記主上人は『決疑鈔』のなかに『黒田の聖人へつかはす御文』を引用するに先立って、漢文で、

凡夫の習い善悪の二心交錯して定まらず。前念に悪を作し後念に念佛し、前念に念佛して後念に悪を作す。しかれども道理について悪を恐れ善を励めば、薫習熟利して往業となる時、悪業は漸漸に微薄にして、念佛は漸漸に増長す。一虚一実の道理終に悪業を滅して浄土に生ず。但し罪において過なしの思いを起さば、たとい念佛すとも往生すべからず。これ邪義なるが故に。

と記されました。「但し」以降の文によりますと、念佛者は悪業をどれほど重ねても、阿弥陀佛に見捨てられずに救われる、という邪義が行われていたことを認めなければなりません。

記主良忠上人は、お念佛を申す人が罪をおそれて「身をつゝしむ」などは、阿弥陀佛の宏大なるお慈悲のみ心にそむくことである、たとえ罪を重ねても見捨てられることなくお救い下さるのが阿弥陀佛である、と主張する邪義に対して、宗祖上人のみ心に基づいた誡

めを示されました。かい摘んで申しますと、次のようであります。

今のさきまでお念佛をしているかと思えば、次の瞬間には、手のひらを返すように悪事をしようとします。悪事をしようと思っているかと思えば、お念佛を申しています。このように、善と悪が入りまじり、交互に浮沈をくりかえすのが、人の心の常であります。そうした、人の心の常態を前提として示された上で、「しかし、悪を恐れてお念佛に励むならば、お念佛の勝れた恩恵・功徳が、『薫習熟利』といわれるように、念佛する人の心にしみこんで清浄化という偉大なはたらきをしますから、おのずから心は洗われ、悪を行うことが次第にできなくなり、往生の素懐を遂げることができるのです」と、『決疑鈔』の中に示されています。つまり良忠上人は、お念佛を申す人はその功徳に基づいて心が清浄化されるから悪事をなす心がおこらないことを指摘することをとおして、罪を重ねても阿弥陀佛は救って下さる、と主張する人自身が、実際にお念佛をしないから悪事をしようとするのだと反駁されているのです。

しかるに良忠上人は、『東宗要』のなかにおいても、さきの『決疑鈔』がとりあげた同じ邪義について、別な角度からまったく趣を異にした誡めを示されています。

人の親、諸子をあわれむ。そのなかに善き子もあり、悪き子もあり。ともに慈悲をなすと雖も、悪を行ずる子をば目を怒らし、杖を捧げて誡めるがごとし。悪人をも捨てたまわぬは本願と知らんについても、いよ〳〵佛の知見をば恥ずべし。悲しむべし。父母慈悲ありと雖も、父母の前において悪を行ぜんに、その父母悦ぶべきや。歎くと雖も捨てず。あわれむと雖も悪むなり。佛もまたかくの如く。(原文は漢文体)

というのが、その誡めの言葉であります。しかもその内容は、宗祖上人が『十二箇条の問答』(『和語燈録』巻第四所収)のなかに示されたお詞に基づいて述べていられるのです。

この良忠上人の誡めのお言葉は、二様からなっています。

その一は、阿弥陀佛はすべての人が身に行うことを見ていらっしゃる、口に言うことを聞いていらっしゃる、心に思うことを知っていらっしゃるから、とくにお念佛をする人は、自分の行いを常に反省していかに些細な悪事でも恥じると共に、悪事を行う自分自身を悲しまねばなりません。心に「どうか、私をお助け下さい」と佛におもいをはこび、口に南無阿弥陀佛とみ名をとなえる人は、いつも称名念佛をとおして佛と対面しているのでありますから、このように誡められるのは当然のことであります。

その二は、両親にとって自分の子どもは、文句なしにすべて可愛いものです。子どもが何人あろうとも、親はひとりの子を愛するように、その心には、わけへだてをいたしません。とはいっても、親の見ている前で悪事を行えば、親は決して喜ばずに、嘆き・悲しむばかりであります。しかし親はまことにありがたく・もったいなくも、嘆きこそすれ、決して見捨てるようなことはありません。かわいそうなわが子よと、いつくしみ・あわれみの心をその子に向けながらも、困った子よとばかりに嫌うのが親心の常であります。この親心と同じように、阿弥陀佛の本願・摂取不捨の聖意は、悪人をも捨てないことを楯として、悪事を行い、さらに重ねようとする人は、聖意にそむける人である、と誡められているのです。

さらに続いて良忠上人は、

凡惑にひかれて、かず〳〵犯すと雖も、止悪を意《こころ》に楽《ねが》い、かず〳〵念佛せば、また往生すべし。随犯随懺《ずいぼんずいさん》の故に。実にこれをおもうべし。

と説かれています。

つまり、人が生まれながらにして先天的に具えているむさぼり（貪欲《とんよく》）と、怒り・腹だち（瞋恚《しんに》）と道理に暗い（愚痴《ぐち》）という三つの働きは、どのようにしても断ち切ることも、止めることもできないのであります。だからといって、それら人間の性《さが》のままに悪を恐れずにふる舞うのでなく、悪業を止めやることができない自分自身を悲しみ、自分の行いを阿弥陀佛に恥じるならば、なんとしてでも、悪を止めようとする心が、おのずから湧いてまいります。すでに犯した悪業はいかにしても消し去ることはできませんが、不用意に悪を行ったときは、

私は貪・瞋・痴を具えた凡夫であります。

しかし私は、阿弥陀佛のかけがえのない愛し子として、お念佛することによって、お浄土に迎えとられる法器でございます。

このたびは、不用意とはいえ、悪事をなすことによって、その法器を汚し、あまつさえ、阿弥陀佛の聖意《みこころ》にそむきましたことを、深くお詫び申します。どうかお許し下さい。今後は二度とこのような過《あやま》ちを犯さないことをお誓いいたします。


と、南無阿弥陀佛の一声一声に、この思いをこめて阿弥陀佛に懺悔《ざんげ》しなさい。このように随犯随懺するならば、往生は間違いありません、というのが良忠上人のお示しであります。

『東宗要』には、お念佛の数遍にかかわる『黒田の聖人へつかはす御文』の言葉を引用されています。このことは、良忠上人が関東の地に入られた頃に、すでに「お浄土に往生するには一念でことと足るにも拘らず、毎日六万遍の念佛をするのは、他力の心を知らないからである」という主張が普及していたからであります。良忠上人はこの主張は背師自立の

説であることを示すために、「一念十念むなしからずと信じて無間に修すべし。一念なを生る、いかにいはんや多念をや」の御文をあげられたのであります。

『黒田の聖人へつかはす御文』という題名は、このほかに『一紙小消息』という別名をもって呼ばれたり、あるいは、まったく題名をつけられなかったりしています。このことは、宗祖法然上人のご遺文を伝承している間に生じた相違であります。題名に相違があるということは、この消息にいくつかの異本があることを物語っています。異本の四本をとりあげると、次のとおりであります。

一　道光了恵上人が文永十二（一二七五）年一月に編纂された『和語燈録』（元亨開版本龍谷大学蔵）巻第四に収録されている『黒田の聖人へつかハす御文』本。

二　親鸞聖人が八十四歳の時、康元元（一二五七）年十一月八日に書写された『西方指南抄』（真筆本　真宗高田派本山専修寺蔵）下末に収録されている無題本。

三　舜昌法印が宗祖法然上人滅後百年の頃に編纂された『法然上人行状絵図』（知恩院蔵）第二十一巻の第二段に収録されている『一紙小消息』本。

四　浄土宗第八祖酉誉聖聰上人（一三六六〜一四四〇年）直筆になる伝書、初重『往生

記』（浄土宗大本山増上寺蔵）に収録されている無題本。

今、了恵上人が文永十二（一二七四）年正月にみずから編纂された『黒谷上人語燈録』の開版にあたって、七十九歳の老齢にもかかわらず、その版下を執筆されて元亨元（一三二一）年七月に上梓された、いわゆる元亨版『和語燈録』を底本とし、異本相互の間の相違を知るため、四本を比較対照しようと思います。

『和語燈録』	『西方指南抄』	『四十八巻伝』	『西誉上人直筆』
黒田の聖人へつかハす御文	無　題	一紙小消息	無　題
末代の衆生を往生極楽の機にあてゝ見るに　行すくなしとて	末代ノ衆生ヲ往生極楽ノ機ニアテゝ**ミ**ルニ　行スクナシトテ	末代の衆生を往生極楽の機にあてゝ**み**るに　行すくなしとて	末代の衆生を往生極楽の機にあてゝ見るに　行**少**とても

うたかふへからす
一念十念にたりぬへ
し。
罪人なりとてうたか
ふへからす　罪根ふ
かきをもきらはす。

時くたれりとてうた
かふへからす　法滅
已後の衆生なを往生
すへし　いはんやこ
のころをや。
わか身わろしとてう
たかふへからす　自
身ハこれ　煩悩具足

ウタカフヘカラス
一念十念　タリヌヘ
シ。
罪人ナリトテウタカ
フヘカラス　罪根フ
カキ**オ**モキラ**ワ**ス**ト**
イヘリ。
時クタレリトテウタ
カフヘカラス　法滅
已後ノ衆生ナ**ホ**往生
スヘシ　イハ**ム**ヤ**近**
来オヤ。
ワカ身ワ**ル**シトテウ
タカフヘカラス　自
身ハコレ煩悩**ヲ**具足

も疑　へからす
一念十念に**足**　ぬへ
し。
罪人なりとて**も疑**
　へからす　罪根ふ
かきをもきらは**しと**
の給へり。
時くたれりとて**も疑**
へからす　法滅
以後の衆生**猶もて**往
生すへし　**況**　近
来をや。
我身わろしとて**も疑**
　へからす　自
身は**是**　煩悩具足

不可疑《ウタカフ》
一念十念**可**《シ》レ**足**《リヌ》一。
罪人なりとても
不可疑一　罪根**深**
きをも　**不**《ス》レ嫌
と云へり。
時**下りたれはとても**
不レ**可**《ヘシトモ》レ　**疑**　法滅
已後の衆生**尚**《ナヲ》　**可往**
生一　**況**《ヤ》　近《コノ》
来《コロ》をや。
我身**悪**《ワロ》しとて**も不**
可レ**疑**一　自
身《ハ》**是**　煩悩**を**具

せる凡夫なりといへ
り。
十方に浄土おほけれ
とも　西方をねかふ
ハ　十悪五逆の衆生
もむまるゝゆへ也。
諸佛の中に弥陀に帰
したてまつるハ　三
念五念にいたるまて
みつからきたりてむ
へ給ふかゆへ也。
諸行の中に念佛をも
ちゐるハ　かのほと
けの本願なるかゆへ

セル凡夫ナリトイへ
リ。
十方ニ浄土オホケレ
トモ　西方ヲネカフ
　十悪五逆ノ衆生
ムマルゝ**カ**ユへ**ナ**
リ。
諸佛ノ中ニ弥陀ニ帰
シタテマツルハ　三
念五念ニイタルマテ
ミツカラキタリテム
カへ**タマ**フユへ**ニ**。
諸**佛**ノ中ニ念佛ヲモ
チヰルハ　カノ**佛**
ノ本願ナルカユへ

せる凡夫なりと**の給**
へり。
十方に浄土おほけれ
と　西方を**願**
ハ　十悪五逆の衆生
の生　る　**故**也。
諸佛の**なか**に弥陀に
帰したてまつるハ三
念五念にいたるまて
みつから**来**　**迎**　**し**
給　**故**　也。
諸行の**なか**に念佛を
用る　ハ　**彼**の**佛**
の本願なる　**故**

せる凡夫**也**　と**云**へ
り。
十方に浄土**多**《オホケ》　れ
とも　西方を**欣**《ネカフハ》
　十悪五逆の衆生
生るゝ**カ故**也。
諸佛の中に弥陀に帰
し**奉**　る**は**　三
念五念に**至**　るまて
自　**来**り　て**迎**
給《カ》　**故**　**に**。
諸行の中に念佛を**用**《モチイル》
　ハ　**彼**
佛の本願なる**故に**。

也。
いま弥陀の本願に乗
して往生してんにハ
願として成せすとい
ふ事あるへからす。
本願に乗する事ハ
たゝ信心のふかきに
よるへし。
うけかたき人身をう
けて　あひかたき本
願にあひて　おこし
かたき道心をおこし
て　はなれかたき輪
廻のさとをはなれて
むまれかたき浄土に

ニ。
イマ弥陀ノ本願ニ乗
シテ往生シ**ナム**ニハ
願トシテ成セストイ
フ事アルヘカラス。
本願ニ乗スル事ハ
タゝ信心ノフカキニ
ヨルヘシ。
ウケカタキ人身ヲウ
ケテ　アヒカタキ本
願ニ**マウ**アヒオコシ
カタキ道心ヲオコシ
テ　ハナレカタキ輪
廻ノ**里**　ヲハナレ
ムマレカタキ浄土ニ

也。
いま弥陀の本願に乗
して往生し**なむ**に
願として成せすとい
ふ事あるへからす。
本願に乗する事ハ
　　信心のふかきに
よるへし。
受　かたき人身をう
けて　あひかたき本
願にあひて　おこし
かたき道心を**発**　し
て　**離**　かたき輪
廻の**里**　をはなれて
生　かたき浄土に

今　弥陀の本願に乗
して往生し**なむ**にハ
願として成せすと**云**
　事**不可**レ**有**一。
本願に乗する事ハ
只信心の**深**　に
よるへし。
難《キ》レ**受**《ケ》　人身を受
て　**難**レ**遇**　本
願に**遇**　て
難レ**発**　道心を**発**
て　**難**レ**離**《ハナレ》　輪
廻の**里**　を**離**れて
難レ**生**　浄土に

往生せん事ハ　よろ
こひかなかのよろこ
ひ也。
つみをハ十悪五逆の
ものなをむまると信
して　小罪をもおか
さしとおもふへし。
罪人なをむまる　い
かにいはんや善人を
や。
行ハ一念十念むなし
からすと信して無間
に修すへし。一念な
をむまる　いかにい
はんや多念をや。

往生セ**ムコト**ハヨロ
コヒ**ノ中**　ノヨロコ
ヒ**ナリ**。
罪　ハ十悪五逆ノ
モノ　ムマルト信
シテ　**少**罪**オ**モオカ
サシトオモフヘシ。
罪人ナ**ホ**ムマル
　イハ**ム**ヤ善人**オ**
ヤ。
行ハ一念十念ムナシ
カラスト信シテ無間
ニ修スヘシ。一念ナ
ホムマル　イカニイ
ハムヤ多念**オ**ヤ。

往生せ**む**事　**悦**
の中　のよろこ
ひ**なり**。
罪　ハ十悪五逆の
者も　**生す**と信
して　**少**罪をも　**犯**
せしと**思**　へし。
罪人**猶**　**生**　る
況　善人
乎。
行ハ一念十念**猶**むな
しからすと信し無間
ニ修すへし。一念**猶**
生　る
況　多念　**哉**。

往生せ**む**事ハ　**悦**
か　**中**　の　**嘉**
ひ也。
罪　**は**十悪五逆の
者も猶《ナヲ》　**生**ると信
して**少**罪をも　**犯**
さしと**可**《シ》レ**思**。
罪人**猶生**《ル》　**何**
に　**況**善人**乎**《オヤ》。
行ハ一念十念　**不**レ
空《ムナシカラ》　と信して無間
に修　へし。一念**尚猶**
生　る　**何**　**況**
や多念をや。

阿弥陀佛ハ不取正覚
の　詞　成就し
て　現にかのくにゝ
ましませハ　さため
ていのちおはらん時
にハ来迎し給ハんす
らん。
釈尊はよきかなや
わかおしへにしたか
ひて生死をはなれん
とすと知見し給ふら
ん。
六方諸佛ハよろこハ
しきかな　われらか
証誠を信して　不退

阿弥陀佛ハ不取正覚
ノ**御**《ミ》**コトハ**　成就シ
テ　現ニカノクニゝ
マシマセハ　サタメ
テ**命終**
ニハ来迎シ**タマ**ハ**ム**
スラ**ム**。
釈尊ハヨキカナヤ
ワカオシエニシタカ
ヒテ生死ヲハナレ**ム**
ト　知見シ**タマハ**
ム。
六方**ノ**諸佛ハヨロコ
ハシキカナワレラカ
証誠ヲ信シテ　不退

阿弥陀佛ハ不取正覚
の　**言を**成就し
て　現に**彼国**に
ま　せ**は**　**定**
て　**命終の**　時
　ハ来迎し給ハ
ん。
尺尊ハ**善哉**
我　**教**　にしたか
ひて生死を**離**
と　知見し給**ひ**
六方諸佛　**悦**
　哉　**我**
証誠を信して　不退

阿弥陀佛ハ不取正覚
の　詞**を**成就し
て　現に**彼国**に
坐　せ**は**　**定**
て　命終《イノチヲハラン》　時
にハ来迎し給**は**んす
らん。
尺尊ハ**善哉**
我か**教**　に**随**
ひて生死を**離**　**な**ん
と　知見し給《はれ》　ら
ん。
六方の諸佛ハ**悦**《よろこハ》
しき**哉**　**我**　**等**《ラ》か
証誠を信して　不退

の浄土に往生せんと
すとよろこひ給ふら
んと。
天にあふき地にふし
てもよろこひつゝ
このたひ弥陀の本願
に　あへる事を。
行住坐臥にも報すへ
し　かのほとけの恩
徳を。
たのミてもなをたの
むへきハ乃至十念の
詞　信してもなを信
すへきハ必得往生の
文なり。

ノ浄土に　**生**セ**ム**ト
　ヨロコヒ**タマ**フ
ラ**ム**。
天**ヲ**アフキ地ニフシ
テ　ヨロコ**フヘシ**
コノタヒ弥陀ノ本願
ニ**マウ**ア**エ**ル事ヲ。
行住坐臥ニモ報スヘ
シ　カノ**佛**　ノ恩
徳ヲ。
タノミテモナ**ホ**タノ
ムヘキハ乃至十念ノ
御言信シテモナ**ホ**信
スヘキハ必得往生ノ
文ナリ。

の浄土に**生**　と
　悦　給
覧。
天に仰　地に**臥**
て**悦**　**へし**
このたひ弥陀の本願
に　あ**ふ**事を。
行住坐臥にも報すへ
し　かの**佛**　の恩
徳を。
憑　ても　たの
むへきハ乃至十念の
詞　信しても　**猶**信
すへきハ必得往生の
文**也**。

の浄土に　**生**せんと
　嘉　給　ら
ん。
天に**仰**《あふ》き　地に**伏**し
て**可**シ㆑**悦**フ
今《コの》**度**《たび》　弥陀の本願
に　**逢**　る事を。
行住坐臥にも**可**報
　彼《かの》**佛**
恩を。
憑　ても尚猶　**可**キ㆑
憑　ハ乃至十念の
詞　信しても　尚猶
可㆑信　ハ必得往生
の文**也**。

この比較対照により四本相互の関係を手短に申しますと、『和語燈録』本と『西方指南抄』本は大変親しい関係にあることが知られますが、それに反して『四十八巻伝』は上記二本と仲間はずれの感を深くいたします。しかるに西誉上人直筆本は、他の三本の影響を受けていると言わなければなりません。

II　その内相

科段

『一紙小消息』は、わずか七百字たらずの御遺文ですが、浄土宗の教え・お念佛の信仰について手短によくまとめられています。形にはまって堅苦しいようですが、科段をわけた上で拝読いたしますと、そのお心をいただくのに大変都合がよろしいので、最初に科段をほどこしておきたいと思います。

『一紙小消息』の科段は、夙に道誉一世に高かった法洲上人（一七六五〜一八三九年）によって試みられています。この上人は江戸の中期、お念佛を弘めるために諸国を巡錫され、また、布教の指針となる著作三十一部八十余巻を遺された関通上人（一六九六〜一七七〇年）の道風を継承された方で、長門国の勝縁の地である大日比（山口県長門市大日比）の西円寺の法岸上人（一七四四〜一八一五年）に師事されて、お念佛の弘通につとめられ、道俗から篤い信望を寄せられた一世の師表であります。上人は宗祖法然上人のご遺文などに関する教化のための著作を数多く遺されました。その中の一として『小消息講説』上下二巻を著され、そのなかで、十科十九段をたてて宗祖上人のみ心を懇切に敷衍することにつとめられました。その科段を示しますと、左記の通りであります。

第一科「標《ス》二所被《ノ》機《ヲ》一」　末代の衆生を往生極楽の機にあてゝ見るに

第二科「遮《ス》二往生《ノ》疑《ヲ》一」

1「遮《ス》下依《ル》二行少《キニ》一疑《ヲ》上」　行すくなしとて……一念十念にたりぬへし

2「遮《ス》下依《ル》二罪重《キニ》一疑《ヲ》上」　罪人なりとて……罪根ふかきをもきらはす

3「遮《ス》下依《ル》二時下《ルニ》一疑《ヲ》上」　時くたれりとて……いはんやこのころをや

4「遮《ス》下依《ル》二身悪《キニ》一疑《ヲ》上」　わか身わろしとて……凡夫なりといへり

第三科「選《ブ》二求《ト》帰《ト》行《トヲ》一」

1「選《ブ》二所求《ノ》土《ヲ》一」　十方に浄土おほけれとも……十悪五逆の衆生もむまるゝゆへ也

2「選《ブ》二所帰《ノ》佛《ヲ》一」　諸佛の中に弥陀に……きたりてむかへ給ふかゆへ也

3「選《ブ》二去行《ノ》法《ヲ》一」　諸行の中に念佛を……本願なるかゆへ也

第四科「示《ス》二乗願《ト》決生《ヲ》一」

1　「所乗《ノ》本願」

2　「能乗《ノ》本願」

第五科　「嘆《ス》レ具《スルヲ》二衆縁一」

1　「嘆《ス》レ受《ケシコトヲ》二人身《ヲ》一」

2　「嘆《ス》レ遇《エルコトヲ》二本願《ニ》一」

3　「嘆《ス》レ発《スコトヲ》二道心《ヲ》一」

4　「嘆《ス》レ離《ルコトヲ》二生死《ヲ》一」

5　「嘆《ス》レ生《ルコトヲ》二浄土《ニ》一」

第六科　「示《ス》二機《ト》与《トノ》レ行信《ヲ》一」

1　「示《ス》二機《ノ》信《ヲ》一」

2　「示《ス》二行《ノ》信《ヲ》一」

第七科　「総《シテ》悦《ビ》二‐合《ウ》三佛懐《こころ》一」

1　「悦《ビ》二‐合《ウ》弥陀佛懐《こころ》一」

2　「悦二‐合《ウ》釈尊懐《こころ》一」

3　「悦二‐合《ウ》諸佛懐《こころ》一」

いま弥陀の本願に……成せすといふ事あるへからす
本願に乗ずる事ハ……信心のふかきによるへし

うけかたき人身をうけて
あひかたき本願にあひて
おこしかたき道心をおこして
はなれかたき輪廻のさとをはなれ
むまれかたき浄土に……よろこひ也

つミをハ十悪五逆のもの……いかにいはんや善人をや
行ハ一念十念……いかにいはんや多念をや

阿弥陀佛ハ不取正覚……来迎し給ハんすらん
釈尊はよきかなや……知見し給ふらん
六方諸佛ハよろこハしきかな……よろこひ給ふらんと

第八科「別《シテ》悦《ブ》レ遇《エルコトヲ》二本願」　天にあふき……弥陀の本願にあへる事を

第九科「勧《ム》二報恩義《ノヲ》一」　行住坐臥にも……ほとけの恩徳を

第十科「結二勧《ス》安心落居《ヲ》一」　たのミてもなを……必得往生の文なり

私はこの法洲上人の科段わけに基づきながら、ただ第八、九、十の三科を一括して一科とし、合計八科十九段にわけ、表題を左記のようにあらためて、『一紙小消息』のみ心を汲みとりたいと存じます。

第一科　今の世に、往生極楽を願う

――時と教えと機の整合――

第二科　往生極楽についての疑いを解く

――四つの疑義を解決――

第三科　浄土宗の教え・念佛の信仰

――三つの選び――

第四科　往生を願う心の姿勢

――すがる心と信ずる心――

第五科　往生浄土の機縁の熟するを悦ぶ

——おかげを生きる——

第六科　決定往生信の上における行いと念佛

——二つの信心——

第七科　救い主・教え主・証《あかし》の主の聖意

——大いなる導きを受けた悦び——

第八科　法悦・報恩・心のすえどころ

——救われた身は——

今の世に、往生極楽を願う（第一科）

――時と教えと機の整合――

末代の衆生を往生極楽の機にあてゝ見るに	精神的・物質的に汚染にみちみちて濁りきたった今の世に生きる私を、「阿弥陀佛の在します極楽浄土に往生する」という視点にたって、考えてみよう。

二十世紀の終わりも、指呼の間にせまってきました。世界の大勢はソビエト連邦の解体を機として大きく変化し、世界平和に向かって進んでいるようであります。それでもなお、民族間のはげしい対立に伴う戦争が続発して、衣食住を失い路頭に迷う多くの難民、病み・傷ついても施薬・治療を受けられない多くの人が続出しています。声を大にして戦争放棄・世界平和が叫ばれていますが、その達成にはほど遠いというほかありません。

ひとたび目を国内に向けますと、悪徳商法の横行を始めとして、証券界の不祥事を発端に、網の目をつまみあげたように、政界、財界、産業界の腐敗が日ごとに報道されています。その一方では、それに上積みするかのように入試、師弟間、生徒間にそれぞれ思いもよらないアクシデントが、教育界にあいついで発生しています。

さらに、一つ一つについてそのよって来る源を記しませんが、地球上の温暖化、酸性雨、成層圏から地上・地下にいたるまで汚染の蔓延化、自然破壊・環境破壊を促進していることが、大きく取り沙汰されています。空気を吸いこみ、水を飲み、野菜・果実、魚介の類を食べなければ生きていられない私どもにとって、不安をつのらせるばかりであります。

私どもは視覚や聴覚をとおして是非をいわさず、現実にひろがりつつある生々しい、これらの出来事に注目させられて、目が回るほどであります。この中のどれ一つをとりあげても心配事ばかりで、これから先、いったいどうなるのだろうか、と思い過ごすことすらあります。しかし外に向けていた目を、いったん内に向けてよくよく考えてみますと、どの出来事一つとりあげても、人が関係していないものは、何一つとしてないのです。国際間の緊張緩和、民族間の融合を公言しながらも、自国、わが民族可愛いという我執・偏見、それに伴う利害が、影の形に添うようにつきまとっています。一方では、便利で、快適で、効率よく、速度感を満たす名目の下に、人知をしぼって造り出されたものが、生活を脅かす汚染につらなっています。なんという恐ろしい償いではありましょうか。まさに人的、物的の双方にわたる汚染の根源は人にある、と極論しても間違いではありません。

ひるがえって、私どもがいつも拝読します『阿弥陀経』に目を転じますと、巻末近くに「娑婆国土　五濁悪世」という八字に注目させられます。この経典の初めに、阿弥陀佛の在《まし》ます清浄佛国である極楽は、「是《こ》れより西方、十万億佛土を過ぎ」た世界であると説かれてあります。今ここにいう「娑婆国土」とは、まさに「是れより西方」と説かれている「是」の世を指しているのです。

「娑婆」はサンスクリット語のサハー sahā という発音を漢字に写しとった用語で、堪忍とか能忍と漢訳されています。「娑婆」を「雑会」（数多い人が雑居する）と訳されることがありますが、この場合の原語はサブハー sabhā であって、サハーではないようであります。私たちはこの地上に住む限りいろいろな苦悩を堪え忍ばねばなりませんから、この土を娑婆国土というのであります。この娑婆国土に続く五濁《ごじょく》悪世という「五濁」は、その苦悩の内容とその要因を示しています。いうところの「五濁―五つのにごり」については、劫濁《こうじょく》、見濁《けんじょく》、煩悩濁《ぼんのうじょく》、衆生濁《しゅじょうじょく》、命濁《みょうじょく》である、とこの経典は示しています。

「五濁」の濁はカシャーヤ kaṣāya というサンスクリット語の訳で、汚穢、汚染、悪化、穢濁、濁悪などと漢訳されています。この地上には天災地変が発生し飢饉や疫病の伴うことを避けることができませんが、それと肩を並べて起こる戦争や社会悪を含めて劫濁（時世のにごり）と呼んでいます。毎日の生活のなかで「おかげ」を喜び、「もったいない」と尊び敬う心を忘れ、生かされて生きているという縁起の道理に背をむけた見方をすることを見濁（思想のにごり）と称しています。人は生まれながらにして、むさぼり（貪欲《とんよく》）と怒り腹だち（瞋恚《しんい》）という心のはたらきを人間の性《さが》として具えています。これを煩悩濁（人間の性のにごり）といっています。これら、劫濁、見濁、煩悩濁という「にごり」によって、人は身と心の双方にわたる資質を低下させ、あまつさえその寿命を減少させられているのであります。このなかの前者を衆生濁（人の資質低下）、後者を命濁（人の寿命減少）と名づけています。

このように見てきますと、「五濁」は経典の文字にとどまらずに、今現にこの世に事実となって現れ、否応なく私どもをその中に包み込んでいます。さりとて汚染の源である人間の性は、いかにしてもとり除くことができません。これ以上に汚染を拡げ、染度を濃くしないためには、一人ひとりが人間の性の清浄化にとり組むほかありません。まことに消極的なようですが、人間の性を清浄にすれば、いきおい「見濁」も清浄化され、偏見・我執の過ちに気づかされます。宗祖上人は「たゞ浄土を心にかくれば、心浄の行法」であると『鎌倉の二位の禅尼へ進ずる御返事』のなかに仰せになっています。そのように「往生極楽」を願い称名することこそ、この上ない清浄化の実践であります。色と香を具え気品ある蓮花は、『維摩詰所説経』佛道品に説いているように卑湿の淤泥の中から咲き誇るのです。煩悩という人間の性を具え、五濁という泥中にある私自身に気づき、汚染から身心を守り、清浄化するために称名の道を歩むことに生き甲斐を見出したい次第であります。

私は『一紙小消息』の第一科に対して、「今の世に、往生極楽を願う」という標題をつけました。意図するところは、宗祖法然上人が『一紙小消息』のなかに示された称名念佛による往生極楽の教行が、まさに終わりを告げようとしている二十世紀末から二十一世紀にかけて、人びとの精神支柱として存続しなければならないことを、皆様とご一緒に考えようと思ったからです。したがって、「末代の衆生を往生極楽の機にあてゝみるに」という本文についても、そのような観点にたって意訳を試みました。

いかなる宗教でも、その信仰が、その時代を生きる人の心を洗い、暖かく豊かにし、その社会を清浄化し、活力を与えてこそ、生きた宗教として存在する理由を自他ともに認めることになります。そのようなわけで、前述では意を尽くさないまま往生極楽の教行の存在理由の一端を述べた次第であります。

法然上人がそのご一生涯をとおして説き、勧められた称名念佛にもとづく往生極楽の教行は、平安末期から鎌倉初期にかけての動乱の最中を生きた、さまざまな階層の人にとって、まさに干天の慈雨として喜び迎えられ、心の糧、心の支柱として受けとめられ、生きる悦びと活力を持ったことでした。時あたかもあい続く戦乱、平家の没落、鎌倉幕府の誕生という転換期であっただけに、人ひとりが世俗の生活を営む上において、生活の基盤をどこに置くか、ということが大変重要な問題でありました。

また、主家の没落、家族や縁者の喪失、離散などで栄達の道を断たれるなど、打ち拉《ひし》ぐ遺瀬のない心情を持った人たちは、なによりも真剣に、自らの心の拠り所を求めて出家を選びました。その多くは坂東武者でした。ともかく世俗の営みに見切りをつけた多くの人は、法然上人のみ教えに耳を傾け、それに心を惹かれながらも、第二科（四つの疑い）に示されるように、この濁った時世に、私のような者がお念佛一筋で阿弥陀佛のみ許である極楽に、はたして往生できるのであろうか、と真剣に問いかけているのです。

法然上人はそのような真剣な問いかけを踏まえて、その思案、疑いを解くために、今の世に往生極楽のできる人を考えてみよう、と呼びかけられたのがこの第一科なのです。

さて、この第一科には「末代」という時と、「衆生」という機と、「往生極楽」という教の三つが示されています。しかもそれら三つは無関係に並べられているのではありません。法然上人のねらいは、それら三つがぴったりあうか、否か、という整合を考えようとされているのです。この三つを整合させてこそ、「教」は「時」と「機」の双方を生かすことができるとともに、「教」そのものも「時・機」の上に生きることになるのです。あたかも、鼎爐《ていろ》の三足の長さが一定していてこそ安定しますが、それぞれの長さが違って一定していないと安置することができないのと同様であります。

法然上人は『念佛大意』のなかで、

佛道の修行は、よく〳〵身をはかり、時をはかるべきなり。

（『和語燈録』巻第二所収）

と指摘されています。時代は人によって築かれながらそこに住む人を、その時代らしく染め上げていきます。また、人はその時代のなかで生活しながらその時代を方向づけていきます。そのように時と人とは相互に絡み合っていますから、切り離して把えることはできません。たとえば、いくら立派な着物でも、いつそれを着用するかということを考えねばなりません。冬物を盛夏に着たり、夏物を極寒に身につけることはいたしません。このように時は、着物を着る上でのポイントの一つであります。さらにその立派な着物を誰が着るか、ということも考えねばなりません。女物を男が身につけたり、おとな物をこどもに着せたりはいたしません。このように誰という機もまた、着物を着る上でのポイントの一つであります。実際に着物を身につける場合は、申すまでもなくこの二つのポイントがぴったりあわさり、整合していなければなりません。

また、法然上人は『要義問答』のなかで、

教をえらぶにはあらず、機をはからふなり。

（『和語燈録』巻第三所収）

と指摘されています。いうまでもなく、教えは人を対象としています。これに対して人は、教えを受ける担い手です。したがって教えと人とは相互に絡み合っていますから、切り離して把えることはできません。教えは人を対象としていると申しましても、一概にすべての人を対象とすることができるか、否かということを考える必要があります。また人は教えを受ける担い手ですが、受けいれることができる教えであるか、否かを考える必要があります。たとえるならば、どのような豪華なお料理でも満腹の人は、いただく意欲すら起こってきません。しかし空腹の人は、どのようにお粗末なお料理でも、おいしく頂戴できます。お料理を考えるには、それに使われた材料の良し・悪しや、料理技術の優・劣をポイントとしなければなりません。また、お料理を食べていただく人を考えるには、健康な人か・病人か、おとなか・こどもか、満腹か・空腹かをポイントとしなければなりません。しかしせっかく出来上がった山海の珍味も、それを口に入れないまま放置していたのでは値打ちのないことになります。したがって二つのポイントがぴったり重なり合う・整合することを念頭に置く必要があるわけです。そのためには、なんとしてでも、お料理をいただく人を優先させなければなりません。法然上人の教と機とに対する基本姿勢は、ここに置かれているのです。

法然上人の時・機・教の三つに対する基本的なお考え方の内容を、ほぼ納得していただいたことと思いますので、続いて本文について考えることにいたしたいと存じます。

まず冒頭の「末代」という表現について、『日本国語大辞典』（小学館）によりますと、

一　延長七（六二九）年七月十四日の『伊勢国飯野荘勘注』に記されている末代を用例として掲げ、「事物の一連の経過のうちで、勢いが衰えて終ろうとする頃」と内容を規定

しています。

二　薬師寺の景戒の『日本国現報善悪霊異記』（撰述の下限八二三年）や、金比羅本の『平治物語』に記されている末代を用例として掲げ、「遠い先の世・のちの時代・後世・将来」と内容を規定しています。

三　藤原宗忠（一〇七七〜一一六二年）の『中右記』や日蓮聖人（一二二二〜一二八二年）が文永九（一二七二）年二月に撰した『開目鈔』に記されている末代を用例として掲げ、「末法に同じ」と内容を規定しています。

このように辞典は、「末代」についても概念規定を三つ、時代順に記述しています。そうしますと、法然上人がこの『一紙小消息』にかぎらず、和語のご遺文のなかに使われた「末代」の内容は、時代の用例から考えれば第三の「末法に同じ」であると思われますが、はたしてそうでしょうか。上人の和語のご遺文をとおして検討してみたいと思います。

末代の衆生の出離	『三部経釈』
末代のわれらがために	『念佛往生要義抄』

末代悪世の衆生　『念佛大意』

　このように、『和語燈録』と『拾遺和語燈録』あわせて七巻のなかに収められている三十二篇のご遺文のなかで用いられた「末代」という表現は、案外少ないことに一驚させられました。そのなかで『念佛大意』一篇だけが、「末代」の内容をほのめかしています。この『念佛大意』は「末代悪世の衆生」という文に始まりますが、元亨版で申しますと二十一行さきに「いまの世は末法万年のはじめ也」と記してあります。してみると予想どおり、法然上人は、「末代」を「末法」と同義異語として用いられていた、と言っても過言ではありません。

　ここに「末法」というのは、佛教をひらかれた釈尊が入滅されてからのち、時代の経過に伴って佛法を実践する人がなくなる、という歴史観に基づいた、一種の危機的時代のことであります。詳しく申しますと、釈尊入滅後の時代を正法時、像法時、末法時の三種に区分した第三時を末法時と呼んでいますが、この期間は佛法を実践する人がありませんから、当然教えどおりのことを身に覚証《さとる》人もありません。ただ教えだけが存続していることになります。

この正法・像法・末法の三時、それぞれの年数については四とおりの異説があります。わが国では正法・像法二時のそれぞれを千年とし、末法を万年とする説を採用しています。この三時の年数は中国の嘉祥大師吉蔵（五四九～五六二年説）が『法華玄論』巻第十に、「問う、釈迦佛の法、世に住することおよそ幾年を得るや」というのに対して、「答う、正法千年、像法千年、末法万年なり」と示された説に基づいているのです。

そうしますと、わが国ではいつ頃、末法の時代を迎えたのでしょうか。法然上人受学の師である比叡山の学匠皇円（生存年代不詳）が編年体で綴ったわが国の史書・『扶桑略記』の「今日始入㆓末法㆒」（永承七年正月二十八日条）という記事によって、永承七（一〇五二）年とされています。この説は吉蔵の正法・像法各千年説に基づいていますが、釈尊入滅の年代をいかなる資料によって決定したかと言いますと、『周書異記』に示される穆王の五十三（西暦前九四九）年説を採用しているのです。ともかくわが国の末法入りの年は、法然上人が四十三歳の承安五（一一七五）年に浄土宗をひらかれる百二十四年以前のことであります。この百二十四年という年数は数量としては多いように思われますが、「いまの世は末法万年のはじめ也」と仰せになったことを、末法万年という観点にたって考えますと、決して数多い年数ではなく、「はじめ」という表現が当を得ていると言わざるを得ないのであります。

法然上人とほぼ同じ時代を生きられた各宗のお祖師様方は、宗祖上人の主唱された選択本願の念佛に基づく「お念佛のひとりだち」に対して、信と謗、肯定と否定の二派に色分けすることができます。信と謗に袂を分かたれたお祖師様方も、宗祖上人と同様、末代の悪世、末法の時代を肌に感じながら、佛道の修行に励まれたことは申すまでもありません。

そうしたお祖師様方の末代悪世、末法の時代についての述懐に耳を傾けたいと思います。

まずはじめに、宗祖上人のお弟子である親鸞聖人（一一七三〜一二六二年）は、『正像末和讃』をつくられましたが、そのなかで、

釈迦如来かくれましく〳〵て、二千余になりたまふ。正像の二時はおはりき。如来の遺弟悲泣せよ。

と、佛教をひらかれた釈尊が入滅されてから、時間的に指折り数えて実に久しいことを自覚せよ、末法の今を自覚しない人は佛弟子ではないぞよ、といわんばかりに呼びかけられています。

また宗祖上人の畢生の大著『選擇念佛本願集』に対して、建暦二（一二一二）年正月に上人がご入滅されたその年の十一月に『摧邪輪《ざいじゃりん》』三巻、さらに翌年六月に『摧邪輪荘厳記』

一巻を撰して非難された栂尾の明恵《みようえ》上人高弁（一一七三〜一二三二年）は、

如来の在世に生れ遇ざる程に、口惜き事は候はざるなり。（『栂尾明恵上人伝記』）

と、釈尊がその昔在しました聖邦インドに渡航しようと企図されたほどの人にふさわしく、釈尊に拝眉して直接その教えを受けられない今の世に、生を享けたことを「口惜き」と嘆いていられます。

さらに、曹洞宗をひらかれた道元禅師（一二〇〇〜一二五三年）は、

辺地の境、末法の今、人根を論ずるに正像法時と今時とは、天地の懸殊なり。

（『永平広録』）

と述懐して、釈尊が佛教をひらかれた聖邦インドではない辺境の島国日本に、しかも末法時の今の世に生を享けた人と、釈尊ご在世時代の人、さらに正法時と像法時の人とを比べると、今どきの人の資質は大いに劣っている、嘆かれているのです。

末法の今の世に、しかも辺境の地に生まれたことは、何をもってしても変更できない事実です。だから、いかに悔んでも、どうしようもありません。この悔みは、暗夜に等しい末法の今の時、この世に生を享けたために、灯台の燈に等しい釈尊のお導きを受けられない悔みであり、嘆きなのであります。

視点を「末代」から「末代の衆生」に移し、「機」のことを中心として考えてみようと思います。

かの『沙石集』十巻を著した無住道暁（一二二六〜一三一一年）は、その巻第八のなかで、

受戒すといへども、戒儀も不レ知不レ守。なまじいに法師とは名け、布施をとり、供養をうけながら、不可思議の異類・異形の法師、国にみちて、佛弟子の名をけがし、一戒も不レ持。或は妻子を帯し、或は兵杖をよこたへ、狩り漁《すなど》りして、合戦・殺害をすこしも不レ憚。かゝる心憂《う》き末代になりて、

というように、無住が生きた当時の僧風の実状を、はばかりなく訴えています。この犯戒、妻帯、人畜の殺害という出家者らしくない行いは、単なる内幕の暴露といった表層的な捉えかたでは、その真相をつかむことができません。はたしてこの記述は、いったい何を物語っているのでしょうか。

戒を持《たも》つことは、出家した人に課せられた実行すべき行動の規範です。つまり、在俗の生活から出家の生活に切り替えるに際して、授戒という一種の手続きである作法・儀式を受けて剃髪し、佛弟子として戒を持つことを誓って、文字どおり出家者となるのでありま

す。したがって戒を持つということは、在俗者と出家者とを色分けする基準と考えて過言ではありません。しかるに戒を持つことができないということは、ただ単に誓いをやぶり犯戒することであるというよりも、持つべき戒と持つべき人とが一致しない、整合しないことを物語っているのです。

一口に戒といっても、随犯随制《ずいぼんずいせい》といって、出家者である限り二百五十戒を持たなければならない、と強いられる戒と、自誓受戒といって、出家者としての自分が自分の行いを誓って律し、自分の行いを正していく戒とがあります。このように戒には他律的と自律的の二様がありますが、いずれの戒を持つにしても、おしなべて人として生まれながら具えている人間の性《さが》が、戒を持てないようにしむけるのです。いわゆる戒を持つという建前とその実際とは、決して容易に整合いたしません。そのように建前として、あるべき規範（戒）を持つにも持ちようのないのが、赤裸々な人間のありのままの相《すがた》なのであります。したがって、戒を授かり、戒を持つ上にも、あるいはまた、佛法を聞き、それを信じて実践する上にも、在俗・出家の区別なく、おしなべて人にはこのような人間の性を具えていることを忘れてはなりません。時と教と機の整合・一致を考える上に、「機」とは人間の性に支配されて「狂酔のごとき」振る舞いをする人を指すと心得てよいでしょう。

さらに視点を時と機との整合が望まれる「教」に移して考えてみましょう。その教えはどなたが説かれたか、という問いから始めることにします。佛教は、佛教をひらかれた釈迦佛・釈尊の教えです。この佛教をひらかれた人類の師と仰がれる釈迦佛は、私たちと同じようにこの世に人の子として、しかも釈迦族のカピラ城主のプリンスとして西暦前五六〇年に誕生され、のち、人生問題を解決するために、二十九歳にして王宮をあとにして出家され、困苦に困苦をかさねて修行をつまれ、ついに三十五歳のとき「覚《さとり》」をひらいて佛様となられ、そのあと四十五年の間ひたすら人びとを導き、八十歳、西暦前四八〇年に入滅されました。このように釈迦佛は人として肉身を具えながら、「覚」を得られたからこそ死生ともに煩うことのない、永遠の生命にめざめられたのです。しかし肉身を具えられていますから、入滅という死は避けることはできませんでした。

さて、そうした釈迦佛の説かれた教えを考えてみますと、二様あることに注目させられます。と申しますことは、一口に教えといっても、釈迦佛が覚の内容をそのままストレートに語られたのも教えであり、応病与薬という言葉のように、迷い苦悩する人をそのようなことのない覚の世界に導くために語られたのも、また教えであります。前者は覚の内容として、たとえ釈迦佛が覚られても、覚られなかっても、永遠なるものとして時間・空間をこえて厳存する真理です。そうした覚の内容は、覚という体験のない人にとって受けとることが容易でありません。あたかも、幼稚園児に哲学を語り、高等数学を話しても、聞きとり理解することができないのと同様であります。したがって、佛様の覚の内容を説く教えは苦滅聖諦に属する教えである、といわねばなりません。これに対して応病与薬的な教えは、あたかもお医者様が患者の病状に応じてお薬を与えられるように、導くべき相手を予想し、それを前提にした教えですから、覚の体験を持たない人に整合する教えであります。いわゆる機に適応した教えであり、しかも迷いの此岸から覚の彼岸へ導く教えでありますので、苦滅道聖諦に属する教えということができます。

さらに、応病与薬的な教えに立ち入って、内容を考えてみましょう。佛教は覚を目的としています。したがって、すべての人を覚へ導くための応病与薬的な教えがなければなりません。覚の内容が説かれた教えを受けとることができるように、理解力と実践力に応じて浅から深へ次第順序をへて教えを受ける人、いわゆる機を調整するのが教えであります。したがって、それぞれの程度に応じて教えは説かれますから、教えの数は多いわけです。このような点から、応病与薬的な教えは、覚を説く教えを容易に受けとれるように導く役割を持っています。したがって、覚そのものの内容を説く教えと、覚の教えを容易に受けとることができるように導く教えも、ともに「さとりの教え」と総称することができます。

この「さとりの教え」に対して、それとは異なった「すくいの教え」があります。この教えについて考えてみたいと思います。人は健康であったり、疲労を感じたり、病に犯されたり、あるいは若さを誇ったり、老衰を嘆いたりいたしますが、それぞれその時その時の肉体の状況に対応しながら生きています。と同時に、精神的に喜んだり、悲しんだり、楽しんだり、苦しんだり、安心であったり、不安にかられたりしながら、その日その日を送っています。このように現に今ここに生きている人、いわゆる機をかえりみますと、老若男女という性別をはじめ、素質・能力、学歴、職業、年齢の相違をこえて、人はおしなべて人間の性《さが》に支配された生活を繰り広げますから、肉体的、精神的に少しも安定しないで、いつも大波小波が波立って揺れ動く実状に置かれています。このような、人間そのものを救済するために、「すくいの教え」が用意されているのです。

さて、「さとりの教え」は、覚の内容を説きあかした教えと、人を覚へ導き育てる教えとに尽きますが、いずれにしても教えに基本を置いています。このなか、応病与薬的な教えと申しましても、教えを受ける人を教えに合うように調整するものでありますから、人間不在とまでは極言いたしませんが、教えに整合する人に導き育てることに主眼が置かれています。だからこそ、厳しい戒を持つことを強いたり、精神統一をして平常の散り乱れる心を平静にせよと強いたり、あるいは人間の性という苦悩の根源を断ち切ることを強いるのであります。これに対して、「すくいの教え」は、人間の性に基本を置いているのですから、人間の性を具えたままの人を、すっぽり佛の慈悲心のなかに包みこみながら、清浄な人に育て、救うことを説く教えであります。このように、「さとりの教え」にはきびしさがあり、「すくいの教え」にはぬくもりがあって、それぞれ格別であります。

往生極楽についての疑いを解く（第二科）

――四つの疑義を解決――

　この第二科は四段に区切ることができますが、その一段ごとに「うたかふへからす」という八字が置かれています。何を「うたかふ」かについては記されていませんが、内容はお念佛によって極楽浄土に往生できるだろうか、という問いかけです。「往生浄土についての疑い」ならば、今も昔もかわりがないではないか、と早合点されるお方もおありのことでしょう。ところが、実際はそうでないのです。

　この疑問は今時のお方にとって当然の問いかけというよりも、むしろ浄土の実在と、死後その浄土に往生することに否定的であるといった方が適切ではないでしょうか。しかるに法然上人ご在世当時の人は、上人が説き勧められる念佛往生の教えを信ずる人も、反駁を加える人も、おしなべて、帰り往くべき故郷としての極楽浄土にあこがれを持ち、死後の往生に望みを託しながら、現当の二世――現在から未来永劫に生きぬくことを願っていたのです。

この世に生を享けたからには、早かれ・遅かれ人生の終焉を迎えることに、今昔の違いなどありません。しかし今時の人は、死を迎えれば火葬され灰と化するばかりであると思いこんでいるのに反して、昔の人は、一生が終われば、極楽浄土に迎えられ、阿弥陀佛のお膝もとで苦悩のない、やすらかな生活が始まると信じて疑わなかったのです。今昔という時間の相違があっても、人そのものに何のかわりがあろうはずありませんのに、心の持ち方は今時の人と昔の人とを大きく切り離して、越えがたい溝を造りあげていることに一驚させられるのです。今時の人が幸福なのか、昔の人が幸福であったのか、さらにまた、何がこのような溝を造りあげたのか、自問自答する必要があるのではないでしょうか。

第二科に示されている「往生浄土についての四つの疑い」とは具体的に、どのような内容であったのでしょうか。極楽浄土に往生を願うこと至って旺盛で、真剣であればこそ、とめどなく「はたして、これでよいのだろうか」という問いが、念佛者の心中を去来するのです。この第二科をとおして私は、法然上人をとりかこむ念佛者の往生浄土にかける信仰の息吹きを感ぜずにいられないのであります。

〔第一疑〕

行すくなしとてうたかふへからす一念十念にたりぬへし。

まことに数の少ない十声一声南無阿弥陀佛と申して、極楽浄土に往生できましょうか。

そのように、み名をおとなえすることは、阿弥陀佛の本願のみ心にかなっていますから、必ず極楽浄土に迎えとって下さいますよ。決して疑うことなく、確信をもってお念佛しなさい。

〔第二疑〕

罪人なりとてもうたかふへからす罪根ふかきをもきらはす。

罪をかさねて身も心も、ともにけがれている私でも、お念佛すれば極楽浄土に往生できましょうか。

阿弥陀佛の本願のみ心は、罪人だからといってお見捨てなさることは決してありません。それどころか、阿弥陀佛はそのような人をも、かけがえのない愛し子として、必ず極楽浄土にお迎え下さいますから、南無阿弥陀佛とお念佛を申しなさい。

〔第三疑〕

時くたれりとてうたかふへからす

法滅已後の衆生なを往生すへし　いはんやこのころをや。

〔第四疑〕

わか身わろしとてうたかふへからす

自身ハこれ煩悩具足せる凡夫なりといへり。

佛道の範をお示しになった活き佛、釈迦牟尼世尊を目のあたりに拝して、ご説法を聞くことのできない末の世の私でも、お念佛すれば極楽浄土に往生できましょうか。

慈悲深い釈迦牟尼世尊は、阿弥陀佛の本願のみ心を、ご自身のお心とされていますから、たとえ、末法万年という時期が過ぎて、佛法の滅尽したその時ですら、お念佛する人を極楽浄土にお迎え下さるよと、宣言されているのです。だから活き佛、釈迦牟尼世尊のお言葉を信じてお念佛に励みなさい。

むさぼり（貪欲）と怒り腹だち（瞋恚）と道理にくらい（愚癡）という人間の性《さが》に、ゆれ動かされている私でも、お念佛すれば極楽浄土に往生できるでしょうか。

源空が師と仰ぐ善導大師ですら、「人間の性に翻弄されているのが、私のありのままの生きざまである」と告白されています。

大師は、阿弥陀佛を心の主人公としてお迎えになっているように、お念佛をとおして人間の性を心の客人とするように努めますならば、必ず極楽浄土に迎えとっていただけますよ。

法然上人のご遺文、とくに和語で綴られた法語、問答、消息などには、この第二科にとりあげられた四つの疑いの中のどれかを、ところどころに見出すことができます。しかるにこの四つの疑いの順序こそ違っていますが、同じ内容を示した消息のあることに気づきました。それは左記に示す『ある人のもとへつかはす御消息』に収録されてあります。〔第二科との関係を明らかにするため、（第〇疑）と註記します〕。

念佛往生は、いかにもしてさはりをいだし、難ぜんとすれども往生すまじき道理はおほかた候はぬ也。

善根すくなしといはんとすれば、一念十念もるゝ事なく（第一疑）、罪障をもしといはんとすれば、十悪五逆も往生をとぐ（第二疑）。人をきらはんといはんとすれば、常没流転の凡夫を、まさしきうつは物とせり（第四疑）。時くだれりといはんとすれば、末法万年のすゑ法滅已後さかりなるべし（第三疑）。この法はいかにきらはんとすれどももるゝ事なし。

たゞちからをよばさる事は、悪人をも時をもえらばず、摂取し給ふ佛なりと、ふかくたのみてわが身をかへりみず、ひとすぢに佛の大願業力によりて、善悪の凡夫往生をうと信ぜずして本願をうたがふばかりこそ、往生にはおほきなるさはりにて候へ。一。いかさまにも候へ。末代の衆生は今生のいのりにもなり、まして後生の往生は念佛のほかにはかなふまじく候。源空がわたくしに申事にてはあらず。聖教のおもてにかかみをかけたる事にて候へば、御らんあるべく候也。

(『拾遺和語燈録』巻下所収)

さらにまた、この第二科の第三疑を除いた他の三つの疑いは、次に示す『御消息』の上に見出すことができます。

もろ〱の往生をねがはん人は、たとひ本願の名号をばとなふとも、身つから心に貪欲瞋恚等の煩悩をもおこし(第四疑)、身に十悪破戒の罪悪をもつくりたる事あらば(第二疑)、みだりに自ら身をひがめて、返て本願をうたがひ候ひなまし。いまこの本願に十声一声までに往生すといふは、おぼろげの人にはあらじ(第一疑)。妄念もおこさず、罪もつくらず、めでたき人にてぞあるらん。わがごときのともがらの、一念十念にてはよもあらじとぞおぼえまじ。

(『拾遺和語燈録』巻下所収)

参考のために掲げた二種の消息のなか、前者は法然上人が説き勧められる念佛往生の教えを反駁するためにこの四つの疑いを取りあげているのに対し、後者は信法の信を決定させるために信機をさきに示すという趣旨を明瞭にするために三つの疑いが取りあげていることに気づかされます。したがって第二科の疑いは、信・謗いずれの側に立っても、問題視される内容であったと言い得るでしょう。

第二科の往生浄土についての四つの疑義と、その解決の第一は、

行すくなしとてうたかふへからす、
一念十念たりぬへし。

というご文であります。このご文の書きはじめの、「行すくなし」というお言葉は、多い・少ないという数量であります。いうところの数量の内容は、申すまでもなく南無阿弥陀佛とおとなえする称名であります。私はこの数量をめぐる行の中味を、称名念佛だけに限らないで、他宗の修行にまで言及しながら、問題の核心にふれてゆきたいと思います。

わが国の天台宗では、伝教大師最澄（七六七〜八二二年）が弘仁九（八一八）年に上奏された「天台法華宗年分学生式」（六条式）に基づく、十二年間にわたってそれぞれ山修山学す

る止観業と遮那業のほかに、その後、修験行法といって一千日を要とする回峰行を実施されています。テレビの映像をご覧になられた方は、あの白装束に阿闍梨《あじゃり》の菅笠《すげがさ》をかぶり、錫杖《しゃくじょう》を手にした草鞋姿の行者さんの姿を想いだされることでありましょう。この厳しい一千日の行を成満された行者さんを、大行満と呼んでいます。大行満ともなれば、土足のまま参内を許されて玉体に加持されるのです。あるいは止観業である四種三昧の一つである常行三昧は、九十日のあいだ常行堂の道場内に安置されている佛像のまわりを、阿弥陀佛のみ名を念・唱しながら、設えた手すりに寄りかかり、疲れ果てた重い足をひきずりひきずり、行道を続けられるのです。この常行三昧中の行者さんの姿も放映されたことがありますから、ご承知のことであろうと存じます。ともかく、回峰行にしても、常行三昧にしても、その日数の量と言い、その修行の厳しさと言い、門外漢の者にも想像に絶するものが感じとられます。

　このような天台宗で現に実施されている修行を、映像などを通して見聞されたお方であるならば必ずや、「一念十念」、「十声一声」南無阿弥陀佛とみ名をとなえるという、まことに数量的に極少なことで果たして阿弥陀佛の極楽浄土に往生できるのであろうかと、首をかしげられることでありましょう。

ひるがえって、宗祖上人ご在世の頃、名もない庶民の間でこの数量をめぐっていかなることが問題視されていたか、上人はそれについてどのような解答を与えられたかを、『一百四十五箇条問答』の上に見出したいと思います。その第十一番目の問答に、

念佛の百万遍、百度申てかならず往生すと申候に、いのちみじかくては、いかゞし候べき。

答。これもひが事に候。百度申てもし候。十念申てもし候。又一念にてもし候。

（『和語燈録』巻第五所収）

と、庶民にとって実に切実な問題がとりあげられています。

百万遍のお念佛を、なんと百回も実施しなければ極楽浄土に往生できない、という考えが庶民の間に定着していたのです。だから、百回も百万遍のお念佛を実施できそうもない老人や病気の方にとっては大変な重荷であり、せっかくの願望である往生極楽浄土を、不本意ながら自分自身が断ち截るという悲痛な想いを持たざるを得なかったのであります。

百万遍のお念佛を百回実施するということは、たしかに往生に必要な行の数量規制でありますす。このようにお念佛の数量の多いことを是とし、そのことを重要視するようになりましたのは、平安中期頃からのことであります。このことは、今日に伝わる諸種の往生伝

や貴族の日記などの記録によって知ることができます。この百万遍のお念佛は七日、あるいは十日という日数の間に実施されるようになりましたが、法然上人ご在世中にも行われていました。

そのような歴史的な背景を考慮に入れますと「一念十念」、「十声一声」南無阿弥陀佛とみ名をとなえるというごく少数量のお念佛によって、果たして往生の素懐を遂げることができるのであろうかということが、法然上人ご在世当時の念佛者の間に問題視された所以を知ることができます。宗祖上人は、百万遍のお念佛を百回実施しても、十念あるいはただの一念のお念佛でも、極楽浄土に往生できるというように、あまり数量に拘泥されていないのです。

さらに宗祖上人ご在世の当時、「一念」のお念佛によって往生することができる、という考えを持つ念佛者の上に、日常生活の規範を踏みはずしたり、往生に必要なお念佛の数量を極少に規制する風潮があらわれました。すなわち、『往生大要鈔』に、

たとひ一念といふとも、みだりに本願をうたがふ事なかれ。たゞしかやうのことはりを申つれば、つみをもすて給はねば、心にまかせてつみをつくらんもくるしかるまじ。又、一念にも一定往生すれば、念佛はおほく申さずともありなんと、あしく心うる人

のいできて、つみをばゆるし、念佛を制するやうに申しなすが返す〳〵も、あさましく候也。

（『和語語燈録』巻第一所収）

というお言葉がそれであります。

このなか、前半のお言葉によりますと、お念佛を申す人をすべて漏れなく、わが国に迎えとるという阿弥陀佛の本願のみ心を、しっかり信じて申す「一念」、「一声」によって往生させていただくのであるから、日常生活の上でたとえ罪を造っても、往生に支障はない、という考えを持つ人があったことを知ることができます。まあ、よくもこのような考えを持ったものだと、一驚せざるを得ません。なぜならば、この考えは造罪を肯定することでありますから、法律的にも、道徳的にも、決して認めがたいことであります。まして念佛者として、あり得べからざることであり、法然上人も、「悪をすゝめ、善をとゞむる佛法は、いかゞあるべき」と仰せになっています。

さらに後半のお言葉によりますと、「一念」、「一声」に一度の往生をはたすことができるのであるから、お念佛の数を多く申す必要がないという人があったことを、知ることができます。「一念に一定往生」という宗祖上人のお言葉は、なまけ者にとってまことに都合のよい、歓迎すべきことでありましょうが、「一念」、「一声」のお念佛によって、往生させていただけるという阿弥陀佛の本願のみ心を、ありがたく頂戴すればするほどに、ありがたさのあまりに一度ならず二度三度と、お念佛の数量を増すのが、念佛者のおのずからなる心情でなければなりません。ただ極少の数量にとらわれた打算的な考えから、「念佛はおほく申さずともありなん」という結論に達した、と思われてなりません。

ともかく、「一念に一定往生――一声のお念佛ごとに、一度の往生が決定している――」ということをめぐって、念佛者の間に誤解する人、心得違いをする人があったので、法然上人は大いに誡められました。そのようなことがありましたので、極少の数量である「一念十念」、「十声一声」のお念佛に対して、なじまない念佛者が多数おられたことでありましょう。そういった宗祖上人ご在世中の実状のなかで、数量的に極少の「一念十念」、「十声一声」の真意を問い直す必要があったと思われてなりません。

このようにお念佛の数量をめぐって「一念十念」、「十声一声」という極少の数量を取り沙汰する背景には、今も昔も、いろいろな問題があってのことであることを指摘してまいりました。さてそこで「一念十念たりぬべし」という「一念」と言い「十念」という極少の数量によって、お念佛の数を示していますが、何か典拠のあってのことなのか、否かを調べることにしましょう。

はじめに「一念」というのは、『無量寿経』巻下の劈頭に示されていますところの、

あらゆる衆生、その名号を聞きて信心歓喜して乃至一念、至心に廻向して彼の国に生ぜんと願ずれば、すなわち往生を得て不退転に住す。ただ五逆と誹謗正法とを除く。

という願成就文中の「乃至一念」の「一念」であります。したがって、ただ「一念」だけに限るのではありません。願成就の文に示されているように、「一念」の上に「乃至」という二字を冠して受けとらなければなりません。数は一から始まって十で終わりますが、一はただ極少中の少を示しただけのことで、そこにとどまらないで二、三と次第に加算されます。そういう意味での、「乃至一念」なのであります。

あとの「十念」というのは、同じく『無量寿経』の巻上のなかに示されていますところの、

もし我れ佛を得たらんに、十方の衆生至心に信楽して我が国に生ぜんと欲して、乃至十念せんに、もし生ぜずんば正覚を取らじ。ただ五逆と誹謗正法とを除く。

という第十八願文中の「乃至十念」の「十念」なのであります。したがって、ただ「十念」だけに限るのではありません。第十八願の文に示されているように、「十念」の上に「乃至」の二字を冠して受けとらなければなりません。一から始まった数は、十をもって満数とし

ます。一が極少中の少であるのに対して、十は極少中の満数であります。したがって、十は二十、三十、百、千、万というように、次第にその数を加算することができるのです。そういう意味での、「乃至十念」なのであります。

宗祖上人はその主著『選択本願念佛集《せんちゃくほんがんねんぶつしゅう》』の第三章私釈段のなかで、

乃至といえるは多より少に向うの言なり。
多とは上《かみ》、一形《いちぎょう》を尽《つく》すなり。少とは下《しも》、十声一声に至るなり。

と「乃至」の受けとり方をお示し下さっています。このお示しによりますと、「多・少」という数量は、数量規制のための数量ではなく、往生に必要な数量をお念佛をする人とのかかわりにおいて、お示しになっておられるのです。宗祖上人は、往生に必要なお念佛の数量について誰彼の区別なく、これだけの数量でなければならないと限定し、数量規定をしておられません。往生に必要なのはお念佛の数量ではなく、お念佛する、そのことにあるのです。

人の容姿といい、生い立ちといい、誰ひとりとして同じではありません。そのように人は、お念佛にご縁をいただくのに、これといって定まった年齢など、まったくありません。

幼少の頃からご縁をいただいてお念佛をされる方もあれば、青壮年に達してからお念佛を始める方もあり、老後になって死期を間近に迎えて、臨終にやっとお念佛をなさる方といったように、人それぞれ、一人ひとりお念佛とのかかわりは区々まちまちであります。宗祖上人は『十二の問答』の第九答のなかに、

本願にあふ機の遅速不同なれば、上尽一形下至一念と、をこし給へる本願と心うべきなり。

（『和語燈録』巻第四所収）

と仰せになっています。この「上《かみ》、一形《いちぎょう》を尽《つく》し、下《しも》、一念に至る」というお言葉は、「わが名をとなえよ、しからばわが国に迎えとるぞよ」という阿弥陀佛の第十八念佛往生の願のなかに示されている「乃至十念」という四文字を、阿弥陀佛の呼びかけに応えて念佛する人と関係させて、おおまかにお念佛の数量を示されているのです。したがってこのお言葉は、往生に必要なお念佛の数量を、お念佛する人それぞれに相違があるのだ、という大変幅広いお示しであります。

早くからお念佛を始めている方は、それ以後終《つい》の時に至るまでお念佛を相続されていますから、いきおいお念佛の数量は「多」ということになります。宗祖上人が『禅勝房にしめすお詞』のなかで第一詞に、

一向専修の念佛者になる日よりして、臨終の時にいたるまで申たる一期《いちご》の念佛をとりあつめて一度の往生はかならずする事也。

（『和語燈録』巻第四所収）

と、仰せになっているとおりであり、また「多とは上《かみ》、一形《いちぎょう》を尽《つく》すなり」というのは、このことを指すのであります。しかるにこれに対して、やっと命終を迎えて息もたえだえに申すお念佛は、せいぜい十声から一声という極少数の「少」なのであります。宗祖上人が『東大寺十問答』のなかで第九答に、

十念は上尽一形に対する時の事也。をそく念佛にあひたらん人は、いのちつゞまりて百念にもをよばぬば十念、十念にもをよばぬば一念也。

（『拾遺和語燈録』巻下所収）

と、仰せになっているとおりであり、また「少とは下《しも》、十声一声等に至る」というのは、この辺の消息を指しているのであります。

極楽浄土に往生させていただくのに必要なお念佛の数量は、阿弥陀佛によって、「これだけだぞ」と定められていないのです。ただ、「わが名をとなえよ」という阿弥陀佛の呼びかけに応えて南無阿弥陀佛とお念佛する、その人に委ねられているに過ぎないのです。宗祖上人は『浄土宗略抄』のなかで、

一念に往生すればとて、かならずしも一念にかぎるべからず。弥陀の本願の心は、名号をとなへん事、もしは百年にても、十、二十年にても、もしは四、五年にても、もしは一、二年にても、もしは七日一日十声までも、信心をこして南無阿弥陀佛と申せばかならずむかへ給ふなり。総じてこれをいへば、上は念佛申さんと思ひはじめたらんより、いのちをはるまで申也。中は七日一日も申し、下は十声一声までも弥陀の願力なれば、かならず往生すと信じて、いくら程こそ本願なれとさだめず、一念までも定めて往生すと思ひて退転なく、いのちをはらんまで申すべき也。

（『和語燈録』巻第二所収）

と、仰せられているように、お念佛の数量は人それぞれ各別なのであります。要は、「わが名をとなえよ、しからばわが国に迎えとるぞよ」という阿弥陀佛の呼びかけに応えて、わが身と心のすべてを投げだして、おすがりしながら「どうぞ、この私を極楽浄土にお迎え下さい」という切なる想いを、南無阿弥陀佛とおとなえする一声一声に託して、阿弥陀佛をお呼びする以外に、なにものもないわけであります。その南無阿弥陀佛とおとなえする私の呼び声に応えて、阿弥陀佛は救いの手をさしのべ、極楽浄土にお迎え下さるばかりであります。

第二科の「四つの疑義とその解決」の第二は、

罪人なりとてもうたかふへからす、

罪根ふかきをもきらはす。

というご文であります。宗祖上人はこのようなことに疑いをいだいた問いの主に対して、『十二の問答』の第十答のなかで、

罪人どもを、やすく〳〵とたすけ、すくはん料にをこし給へる本願の名号をとなへながら、ちりばかりもうたかふ心あるまじき也。

（『和語燈録』巻四所収）

と、寸分たりとも疑う余地のないことをお示しになっています。

人の心は実にあやふやで、どっちつかずの働きをします。阿弥陀佛の本願によって救われると信じていても、そのあとで疑いの心がどこからともなくおこってきます。罪を造ったという自責の念から、自分の欠点・落ち目を深く考えるあまりに、私は阿弥陀佛のお救いにあずかることができない者である、と思い込んでしまいますから、疑い始めるのです。いかなることがあろうと、罪人は一切救わないというのは、阿弥陀佛のみ心ではありません。ただ罪を造った当人が、私は阿弥陀佛に見捨てられ、そのお救いにあずかることので

きない者であると、自分自身を身勝手に卑下しているに過ぎないのです。

このことを裏返して考えてみますと、阿弥陀佛のお救いをいただいて、極楽浄土にお迎えいただける人は、『浄土宗略抄』の、

罪造らぬ芽出たき人にこそあらめ。我ら如き輩にはよもあらじなんと、身の程思ひしられて、往生をたのみがたきまで、あやうくおぼえなまし。

（『和語燈録』巻第二所収）

という、宗祖上人の誡めのお言葉のなかにあるように、往生の素懐をめでたく遂げる人は、罪を造らない念佛者である、という考えが前提となっているのです。つまり、往生の素懐を遂げることのできる人は、なんといっても「罪造らぬ芽出たき人」に限ってのことで、私のような罪を造った者では決してありませんという先入感が、お救いにあずかって極楽浄土に迎えとられるという未来の出来事を、今の時点において「往生をたのみがたき」と確定的に予想し、そのつもりになりきってしまうのであります。

強いて申しますならば、往生の素懐を遂げ得るお方は「おぼろげの人にはあらず」（『往生大要抄』（『和語燈録』巻第一所収））といわれるように、ごくありふれた平凡な並の人間ではありません。とくに私のように罪を造ることによって、お迎えをいただくにふさわしい

資格を失った「えせもの―似非者」(『往生大要抄』)では決してありませんという卑下の心が、せっかくのお迎えを自分自身の邪推、偏見によって断ち截ってしまうのです。心の持ちようは、なんと恐ろしい結果をもたらすことでしょうか。善人も悪人も共に漏れなく救いとって極楽浄土にお迎え下さる阿弥陀佛の宏大な本願のみ心を、ふいにしてしまうからであります。だからこそ宗祖上人は『十二箇条問答』の第一答のなかに、

ゆめ〳〵わが身の罪業によりて、本願の不思議をうたがはせ給ふべからず。

(『和語燈録』巻第四所収)

と仰せになっているのです。

この第二段では、「罪人」を念佛往生とのかかわりのなかで取りあげています。人は生まれながらにして、罪人であろうはずありません。この世に人の子として生を享けることは、万人等しく何の変わりもありません。人生のスタートは万人同じであっても、年を重ねてゆく間に、動機はいかようであれ、結果的に罪を造ってしまうのです。

ひとたび造りおわった罪は、どのようにしても消し去ることは不可能です。しかし、阿弥陀佛の久しきにわたっての「わが名をとなえよ、しからばわが国に迎えとるぞよ」という呼びかけに応えて、極楽浄土に往生したいという切なる想いを、南無阿弥陀佛の一声一

声に託することはできるのです。まことにもったいなくも、ありがたいことです。しかしながら自責の念にかられて、私のような罪人をお救い下さるだろうかと、首をかしげることになります。しかし、この往生を願う罪人と、たとえ罪を造らない人であっても、世俗の利害損得に心奪われて往生を願う気色もない人と比べてみますと、ひとりの人間として無量寿《いきどうしのいのち》を求め、自分の帰って往く先を、どちらに心得ているだろうかと問いたくなります。

ともあれ、私は罪人であると自分から名告っているこの疑いの主は、いったい、どのような罪を造ったのでしょうか。私はその問いに答えるよりも、罪の内容について考えてみたいのです。なぜならば、総じて人は、生きていくためには、どうしても罪を造らなければ、生きていけないことが明らかになれば、この疑いの主は、いかなる罪を造ったなどということなど、問題でなくなるからであります。

一口に「罪《つみ》」とは申しますが、おおまかに三つぐらいに分けることができますが、一般的には規範にそむく行為を指して、「罪」といっています。読者の皆様方には、よくよくご承知のこととは存じますが、その内容を簡単にお示しすることによって、あとあとに申し上げる「罪」の内容と、比較しながらご理解いただくことにいたします。

具体的に、第一にあげられるのは、社会の法秩序として定められた諸規制を破る行為を「罪」、あるいは「犯罪」と申しています。この犯罪行為に対しては、刑罰によって制裁が加えられます。つまり、法律に違反する行為がそれであります。その第二としてあげられるのは、道徳的規範に反する行為を、「罪」と呼んでいます。この場合は良心の呵責であるとか、道義的責任をとるとかいうことがありましても、法律によって裁かれることはありません。第三には宗教の定める戒律にそむいた行為、ドグマによって禁じられていることを破る行為などを「罪」と呼んでいますが、宗教信仰上における「罪」は、もっと内的な内容を含んでいます。

宗教信仰における「罪」は内的な内容を具えているとは、いったい、どういうことなのでしょうか。お念佛をする人もお念佛しない人も、一人の人間として、日常生活上の行いは決して異なった行いをするわけではありません。

人は誰でも、毎日三度の食事をいただいて身体に栄養を補給して生命を保ちながら、心に思い・考え（意業《いごう》）たことを、口を通して言葉にし（口業《くごう》）て他人に伝えたり、表情・態度・動作という身体上の行い（身業《しんごう》）を通して他人に伝えています。お念佛する人も、また同じであります。このようにお念佛する人は、お念佛をしない一般人と同じ行いをしながら、その行いの上に「罪」を意識するのであります。これに対して一般人は、自分の行いの一つ一つについて、その都度その都度反省することがありませんから、いきおい、「罪」を意識することがないわけであります。

たとえば、私たちは生命を維持するためには、どうしても食事をとらねばなりません。その食事の中味は申すまでもありません。お米を始めとする穀類や野菜・果物、動物・鳥類や魚介類の肉をいただきます。それらのすべては生類《いきもの》であり、生命《いのち》を所有しています。その生類、言い換えれば尊いいのちを奪い、食料とすることによって私は生き存《なが》らえ、そうしなければ生きていけないのです。この明々白々なる事実を、なんでもないこと、当たり前のこととしか思っていないのです。したがって生類に対する哀れみの情など、欠片《かけら》ほども持ちあわせていないのです。

しかるにお念佛する人は、食卓を賑わしている生類に「いたみ」を感じますから、尊い生命を奪ってすみません、申し訳ありませんと食前に、南無阿弥陀佛とおとなえして食事を始め、南無阿弥陀佛と噛みしめていただき、食後にはいただいたすべてを私の血肉と消化し、いっそう佛道に励むことを祈念し、感謝のおもいをもって南無阿弥陀佛とおとなえするのです。ともかく念佛者が、生類の生命を奪わなければ生きてゆけないわが身の上に、「罪」を意識することは、心の眼がひらかれているから気づかされるのであります。ものを感じとる基盤・尺度が一般人と相異していますから、なんでもない・当たり前のこととして看過できないまでのことなのです。このような点を指して、宗教信仰における「罪」は内的な内容を具えていると言い得るのであります。

さらにまた、佛教では人間のなす行いを総称して「業《ごう》」（カルマ）と呼んでいます。しかもその内容を身と口と意の三方面の上に捉えて、身業《しんごう》、口業《くごう》、意業《いごう》の三業と申しています。この三業について『大般涅槃経』には、身口の二業は意業に従って生ずるから受業と云い、意業は身口の二業を生じさすから生業、もしくは正業と規定しています（曇無讖訳　巻第三十七「迦葉菩薩品」）。このように佛教では、人間の行いを目に見え、他人が見たり・聞いたりすることのできる身口の二業よりも、目に見えない、他人によって知られることのない心のはたらき・意業を重要視するのであります。したがって人間の行いを木目細かく、しかも広い範囲で捉えるのであります。一般の人の考える行いは、時として、口を通しての言葉をとり上げることもありますが、おおむね、体を通した身体的行いに限っているようでありますから、心に思い・考える意業など問題視されないのが常であります。

人間の行いは、まず心に思い・考えることから始まります。その心に思い・考えることを、口を通して言葉にして他人に伝えたり、身体の行いを通して他人に伝えます。しかるに世間では、思いもしないことをいたしました、心にもないことを申し上げましたと、自分の身口の二方面にわたる行いを、相手に対して取り繕うことがあります。どのように隠し立てができ、表面を飾ってその場をしのぐことができましても、その人は後ろめたい自分の心を消すことができませんから、決して心爽やかではありません。このことは、何が、身口二業にわたる行いを発生せしめたか、ということを雄弁に物語っていると思われてなりません。

仮に、憎さのあまり、人を「撲ってやりたい」と思う心は、他人に対してそれにふさわしい身口の二業となってあらわれます。たとえ身口の二業にあらわさなかっても、心に憎いと思い、撲ってやりたいと思ったその意業を、「罪」と感じ、「罪」として受けとるのは信仰のある人であり、念佛者の常のことであります。他人を憎む心・他人を撲ってやろうと思うそのはたらきを「罪」として意識しますから、そのことを反省し、「すまない、申し訳ないことを思った」と懺悔《さんげ》のおもいを、南無阿弥陀佛、南無阿弥陀佛という、声にあらわすことになります。お念佛をする信仰者は、このようにあらゆる行いを内面的、主体的に受けとりますから、いきおい「罪」を意識し、「罪」を自覚するわけであります。

この第二科の中の第二の疑いについての原文は、
罪人なりとてもうたかふへからす、
罪根ふかきをもきらはす。

というように、罪人と共に罪根をとり上げていますので、罪根について考えてみたいと思います。

まず始めに、罪根の「根」とは、力があって強い作用を有するという意を持つサンスクリット語、インドリヤ indriya の漢訳語であります。

草や木は地中に根を縦横に張りめぐらしながら、地中の水分・養分を吸収しながら芽、茎、葉、枝などを養い、生ぜしめるはたらきをいたします。そのように人には、見る、聞く、嗅ぐ、味わう、触れるという五つの感覚を持っています。その五つの感覚をおこさせる機能、器官として、眼、耳、鼻、舌、身という五つの感覚器官、つまり五根を具えていますが、さらに認識という知覚をさせる器官としての意根を加えますと、合計六根を人は具えていることになります。

人は誰でも、幼児期にあってその感覚は、おとなのそれに比べて大変敏感で、鋭い直感力を発揮いたします。このことは、六根が汚染されずに清浄であるからであります。しかし、年を重ねるにしたがって、思慮・分別のはたらきに頼ることが多くなりますので、いきおい直感力を失うことになります。霊山と仰がれる山岳信仰の対象である山に登る行者は、杖をつきながら険しい山道を一歩一歩、六根が清浄になることを祈念しつつ、六根清浄と口ずさみながら登ってゆきます。登山には、不浄な邪念は禁物なのです。

さて宗祖上人が「罪根ふかきをもきらはす」と仰せになった「罪根」とは、いったいどのような内容なのでしょうか。宗祖上人はその主著『選擇本願念佛集』第三本願章の私釈段の中に、中国は唐中期の法照禅師（生存年代未詳）の著述である『浄土五会念佛法事儀讃』の本に示されている、

彼の佛の因中に弘誓を立つ。名を聞き我れを念ぜば、すべて迎来せん。貧窮と富貴とを簡《えら》ばず。下智と高才とを簡ばず。多聞と浄戒とを持《たも》つを簡ばず。破戒と罪根深きとを簡ばず。但だ心を廻らして多く念佛せしむれば、能く瓦礫を変じて金と成さしむ。

という偈を引用されています。この偈の中に、今の「罪根深き」という言葉を見出すことができます。

この「罪根」の「罪」は、身と口とにおいて行った悪業を指しています。つまり身三、

口四、意三と通称される十悪中、貪欲（むさぼる）と瞋恚（怒り腹だち）と愚癡（道理にくらい）という三つの意業の罪を除いた七悪です。その七悪とは、殺生、偸盗《ちゅうとう》、邪淫という三つの身業と、妄語《もうご》（うそ・いつわり）、両舌《りょうぜつ》（二枚舌）、悪口《あっく》（ののしり・わるぐち）、綺語《きご》（おついしょ）という四つの口業であります。これらの七つの悪業を指して、「罪」と呼んでいるのです。さらに「罪根」の「根」は、身口の上に悪業をおこさせる元となるものを指して「根」と名づけているのであります。この「根」の具体的内容は、人が生まれつきに一律平等に具えている人間の性《さが》、つまり煩悩なのです。この煩悩のことについては、第二科の四つの疑いの最後において、「煩悩具足の凡夫」としてとり上げられていますので、今ここでは説明を省略いたします。つまり「罪根」とは、身口の二業の上に悪いことをおこさせる元としての意業を指している、と言って過言ではありません。

私たちはどうしても、悪を心に思わないことはありません。だからといって、心のままに悪い行いをすべきでありましょうか。さもなくば、たとえ心に悪を思われても、それを外にあらわさないようにすべきでありましょうか、といった内容を持つ問答が『十二箇条の問答』の上に示されています。宗祖上人は第十二答で、

たとひ心におもふとも、ほかまではあらはさじとおもひて、をさへん事は、すなはち

ほとけに恥る心也。とにもかくにも悪をしのびて、念佛の功をつむべき也。

（『拾遺和語燈録』巻下所収）

と仰せになっています。悪を押さえることは、ただ単に「人目をはゞかり」、「ほかをかざる」ことにはならない、むしろ念佛者はお念佛を通して、信仰の対象であり救い主である阿弥陀佛に恥じる心が生じるから、おのずと悪心を外にあらわさないことになるのだと仰せになっているのです。「心ある人は父母もあはれみ、主君もはぐむにしたがひて、悪事をばしりぞき、善事をばこのまんとおもへり」とあるように、阿弥陀佛のお育てをいただくに従って、善事を好み、悪事をしりぞけるように、よきによきにと万事は展開してゆくのであります。

また宗祖上人は、『十二箇条の問答』の第一答の中で、

男女貴賤をもえらばず、善人悪人をもわかたず、心をいたして弥陀を念ずるにむまれずといふことなし。（中略）ゆめ〳〵わが身の罪業によりて、本願の不思議をうたがはせ給ふべからず。これを他力の往生とは申す也。

（『和語燈録』巻第四所収）

と仰せになっています。「自身の罪悪を疑ひて往生を不定と思は」ず、決定往生の心を持ってお念佛に励むべきであります。

第二科の「四つの疑義とその解決」の第三は、

時くたれりとてうたかふへからす、

法滅已後の衆生なお往生すへし、

いはんやこのころをや。

というご文についてであります。宗祖上人は『往生大要鈔』のなかに、

弥陀の本願のひろく摂し、とほくおよぶほどをばしるべき也。おもきをあげてかろきをおさめ、悪人をあげて善人をおさめ、遠きをあげて近きをおさめ、のちをあげてさきをおさむるなるべし。まことに大悲誓願の深厚なる事、たやすく詞《ことば》をもてのぶべからず。心にとゞめておもふべき也。

(『和語燈録』巻第一所収)

と仰せになっていますが、そのお詞は「罪人なりとてもうたかふへからす　罪根ふかきをもきらはす」という第二疑と、この第三疑とをふまえて理解することが出来ます。これらの疑いは、ひとたび阿弥陀佛の本願、お慈悲の光明をいただくならば、ひとたまりもなく溶解してしまいます。しかし実際には、これらの疑いをおこすのは、お慈悲のふところの真っ只中にありながら、親心のぬくもりを心で受けとめ、味わうことなく、ああだ・こう

だと詮索しているに過ぎないのであります。

さて「時くたれり」ということは、時代や時刻が移ることであります。時間は一刻も止まることなく、水が高い所から低い所へ向かって不断に流れているように、太古の昔から未来に向かって移っています。人はこの無始無終の時間のなかにありながら、現在ただ今という時点に立つことによって、遡って昔を回顧したり、これから迎えようとする未来を展望したりいたします。佛教徒は古くインド以来、釈尊の入滅された年に起点を置いて、それ以降における時間的経過を、正法時、像法時、末法時というように三時に区分してきました。この三時の区分は、釈尊の入滅から千年までの間を正法時、それからさらに千年の間を像法時、さらにその後の万年の間を末法時と規定しています。それは、佛教徒と釈尊との人格的な隔たりを、時間の経過によってあらわしているのであります。

釈尊は申すまでもなく「覚《さとり》」をひらいて佛陀となられ、その尊い人格のひかりを通して行動され（身業）、あるいは説法や会話（口業）を通して人に接し、さらにすべての人が「めざめ」の生活をするようにと篤い念《おも》いをはこびながら、お導き下さった生きほとけ・生身《しょうしん》の如来であられました。その生きほとけ様は、八十歳を一期として入滅されたのです。この釈尊の入滅の年をもって正像末三時の起点とすることは、この地上において生きほとけ様の尊いお姿を拝することも、お導きをいただくことも出来なくなった、という佛教徒の悲痛なおもい、追慕の情、自省の念に基づくと言ってよいでありましょう。

この第三疑は、生きほとけ様である釈尊が入滅されてから、すでに二千年をとっくに過ぎた今時の私が、釈尊の尊いお導きを直接受けないまま、ただ南無阿弥陀佛とみ名をとなえるだけで、極楽浄土に往生出来るであろうか、という疑いであります。このような疑いを持つということは、教え主《ぬし》釈尊・生きほとけ様に対して憑依《よりすがる》という心情に根ざしてのことであります。しかしよく考えてみますと、お念佛することによって極楽浄土に往生させていただくのは、ほかでもない、阿弥陀佛の本願のお慈悲によるのでありますから、この第三疑は憑依の対象を取り違えていると申さねばなりません。そうだとすれば、重大な誤りを犯していることになります。

佛教徒として、生身の如来・生きほとけである釈尊に対して憑依の心情を持つことは、当然なことと言わねばなりません。しかし、お念佛を申す私を極楽浄土に迎えて下さるのは、救い主にましますす阿弥陀佛でなければなりません。釈尊はその阿弥陀佛の本願の聖意《みこころ》をご自身の聖意とされることによって、念佛往生の教えをご自身の出世の本懐として、私たちのためにお説き下さった教え主にましますのであります。釈尊はあくまで教え主であり、阿弥陀佛は救い主であることを、しかと心得ておかないと、釈尊を救い主と勘違いすることになります。

釈尊は教え主であることを、『観無量寿経』（劉宋畺良耶舎訳）を通して、明らかにしようと思います。そこには往生浄土の行法として、定善《じょうぜん》と散善《さんぜん》を説いています。そのなか、定善とは私たちの日頃の散り乱れる心を静止し、散り乱れない心をもって行う日想観などの十三観であり、散善とは散り乱れる心そのままで行うことが出来る孝養父母などの世福と、受持三帰などの戒福と、発菩提心などの行福、いわゆる三福であります。これらの定善と散善の二行は、もともと韋提希夫人に基づくたっての懇請をお受けになった釈尊が、黙止するにしのびずに頼まれたままにお説きになった、いわゆる随他意《ずいたい》の教えであります。したがって、釈尊ご自身の本心に基づいて説かれたわけではないのです。釈尊ご自身としては定散の二善を説くよりも、たとえ誰からの要請がなかっても、ぜひこのことだけは語り伝えておかなければならない教え、いわゆる随自意《ずいじい》の教えを、この経典を結ぶにあたって説かれているのであります。

> 佛、阿難に告げたまわく、汝よくこの語を持《たも》て、この語を持てとは、すなわちこれ無量寿佛のみ名を持てとなり。

というお言葉が、すなわちそれなのです。

このように釈尊は、久しく身辺にあって心優しく給仕をした愛弟、阿難尊者に対して、「阿難よ、阿弥陀佛のみ名を持てよ、阿弥陀佛のみ名をとなえよ。このことをとくに汝に付属し、伝授するから、どうか遙かのちの世に至るまで、阿弥陀佛のみ名をとなえることが、広く行われるようにして欲しい」と聖意のほどを語り伝えられたのであります。このことは釈尊ご自身が、すべての人を漏れなく救済しようとなさる阿弥陀佛の本願の聖意を、ご自身の聖意の上に継承し、そのことを本意・本望とされていたからであります。このようにに阿弥陀佛の本願の聖意をご自身の聖意とされているからには、釈尊は阿弥陀佛と一体であり、不離の間柄であると申さねばなりません。

善導大師は、その自解妙釈を示された『観経疏』玄義分のなかで、阿弥陀佛と釈尊はそれぞれ極楽浄土と娑婆世界にましましながら、力をあわしてすべての人の往生浄土にかかわっていられる様子を、次のように申されています。

『観経疏』の文　　拙　訳

釈迦はこの方より発遣し	教え主釈尊は、この娑婆世界から極楽浄土へ往け往けとお勧め下さる。

弥陀は即ちかの国より来迎し給う	救い主阿弥陀佛は、極楽世界からはるばるこの娑婆世界に迎えに来て下さる。
かしこに喚び	救い主の来たれ来たれのみ声、
ここに遣《ゃ》る	教え主の往け往けのみ声、
あに去らざるべけんや	このお声を聞けば、往かずにいられようか。

と、仰せになっているのが、それであります。

さらに善導大師は「散善義」のなかに二河白道の譬喩を説かれて、

　今二尊の意に信順して水火の二河を顧みず、念念遺ることなく彼の願力の道に乗じて、命を捨てて已後かの国に生ずることを得て、佛と相見せば慶喜何んぞ極まらん。

と述べていられるように、釈尊と阿弥陀佛とを「二尊」と呼称されて、不離の間柄にあることを示されています。宗祖上人もまた、「御誓言の書」である『一枚起請文』のなかに、同じく「二尊」の呼称を用いられていることは、周知の通りであります。さらに善導大師は、

　東岸に人の声あって勧めて遣るを聞いて、道を尋ねて直ちに西に進むというは、即ち釈迦已に滅し給うて後の人、見ざるといえども、なお、教法の尋ぬべきあるに即ちこれ

を喩るに声の如し。

と仰せになっています。西方極楽浄土へ往け往けとお勧め下さっているのは生きほとけ釈尊ではなく、釈尊がお説きになった教法の声なき声である、というのが、善導大師のお考えであります。してみますと、釈尊入滅後の私たちは、釈尊が説かれた教法、経典を通して釈尊のお声を聞き、釈尊の聖意を頂戴いたさねばならないわけであります。

さらに宗祖上人は、『観無量寿経』を説かれた釈尊が、一経をしめくくる最後のところに至って、なぜ、「阿弥陀佛のみ名をとなえよ」と、阿難尊者に付属・伝授されたのであろうか、という問いかけにこたえて『津戸三郎へつかはす御返事』のなかに、

念佛往生の願は、これ弥陀如来の本地の誓願なり。余の種々の行は本地のちかひにあらず。釈迦如来の種々の機縁にしたがひて、様々の行をとかせたまひたる事にて候へば、釈迦も世にいで給ふ心は、弥陀の本願をとかんとおぼしめす御心にて候へども、衆生の機縁人にしたがひてときたまふ日は、余の種々の行をもとき給ふは、これ随機の法なり。佛の自らの御心のそこには候はず。されば念佛は、弥陀にも利生の本願、釈迦にも出世の本懐也。余の種々の行には似ず候也。（『拾遺和語燈録』巻中所収）

と示されています。つまり釈尊が定散二善を説かれたのは「佛の自らの御心のそこには候

はず」、ただ「随機」のためにに説かれたまでのことであります。この世に生を享けられた釈尊が困苦修行のあかつきに、「覚《さとり》」をひらいて佛教をひろめられたその本望、本意、いわゆる「出世の本懐」は、「弥陀の本願をとかんとおぼしめす御心に」あったのであります。そういう意味で「阿弥陀佛のみ名をとなえよ」というお言葉を、「付属の文」と名づけることはあまりにも形式的であるのに反して、「出世の本懐」と表現すれば、阿難尊者に付属・伝授せねばならなかった釈尊のやむにやまれぬ聖意を素直に、そのままを把えてあますところがない、と言い得るでありましょう。

釈尊は、阿弥陀佛が救い主に在ますのに対して教え主として、念佛往生の教法を私たちのために説かれたことを、さらに『無量寿経』の上に見出したいと思います。それは『無量寿経』の下巻、流通分《るづうぶん》に説かれている、

当来の世に経道滅尽せんに、我れ慈悲をもって哀愍して、ひとりこの経を留めて止住すること百歳ならしめん。

それ衆生ありて、この経に値わん者は、心の所願に随いて、みな得度すべし。

という「特留此経――ひとり此の経を留む」の経文がそれであります。

佛教徒は古くインド以来、釈尊入滅後の時間的経過を、正像末の三時に区分して考えてまいりましたが、さらにその後のことを『無量寿経』は記しています。それによりますと、万年という長時間にわたる末法時が過ぎ去りますと、「経道滅尽」といって、釈尊が説かれた教説が衰滅して、佛法僧という三宝はもとより、その名称すら聞くことのできない時代がやってくるというのです。時代の推移に伴う変化を、末ひろがりに栄えるという発展として把えないで、佛教徒として最悪の時代が到来すると受けとめたことは、正像末というように末すぼみ的に推移すると把えたことから考えますと、当然なことと言わねばなりません。

「経道滅尽」の時代においては、阿弥陀佛の本願の聖意、往生浄土の行法を説く『無量寿経』を始めとする浄土の三部経も例外なく、他の諸経典と同じくこの世から消え去り、その経名すら伝わらないのであります。したがって『無量寿経』を拝読することができませんから、生死を出離する道が断たれる羽目に陥ることになります。この時にあたって、阿弥陀佛の本願の聖意をご自身の聖意の上に継承された釈尊は、出離の道を断たれた人たちの嘆きを予想され、お慈悲の心を催されて「そのような時代が到来しても、この『無量寿経』に限って消滅することなく、百年の間この世に留め置く」と宣言されたのです。このことは阿弥陀佛がすべての人を漏れなく救済しようとなさるその本願の聖意を継承された釈尊のありがたくも尊いお計らいにほかなりません。

このありがたい釈尊のお計らい・おぼしめしを、善導大師が見逃されるはずありません。大師は『往生礼讃偈』のなか、初夜の時にあたって道俗がこぞって唱和する讃美歌を、『無量寿経』の要文に基づいてつくられた五字一句、四句一偈からなる礼讃偈の第十八偈に、

万年に三宝滅すれども、この経住すること百年ならん。しかの時、聞く一念せんも、

皆まさにかしこに生ずることを得。

と仰せになって、大いに経意を布衍されました。

宗祖上人はその主著『選擇本願念佛集』の第六章私釈段のなかに、この「特留此経」の経文を引用し、問答を設けて自説を繰りひろげられるなかに、

私に問うていわく。経にたゞ特留此経止住百歳という。またく特留念佛止住百歳といわず。しかるに何んぞ特留念佛というや。

と問いをたて、ご自身の見解を詳しく述べていられます。つまり『無量寿経』には「特留此経止住百歳」と記されているのに、私源空はなぜ「特留念佛止住百歳」と受けとめたのか、と自問自答されているのです。このことは上人が「特留此経」の本心は何であるか、

と問われてのことであります。生死を出離する道としての念佛往生を説くのが、この経典の心と受けとめられたからこそ、一字一句たりとも勝手に書き替えてはならない経文を、「特留念佛」とお示し下さったのです。それは阿弥陀佛の本願の聖意と、釈尊の出世の本懐とをお汲みとりになってのことであります。まさに達見と申さねばなりません。

さて、宗祖上人はこの第三疑に対して、たとえ末法の時代であっても、南無阿弥陀佛とお念佛を申せば、阿弥陀佛の本願力成就を増上縁として、ひとり漏れなく往生の素懐を遂げさせていただける、とお示しになりました。しかるに、上人のお言葉のなかに、「法滅已後の衆生、なを往生すへし、いはんやこのころをや」と仰せになっています。「法滅已後」という仰せは、いまだ到来していないが、末法時という現在ただ今の人たちに念佛往生をお勧めになるために、取り上げていられるのです。端的に申しますと、「挙後勧今―後を挙げて今を勧める」という『選擇本願念佛集』のお言葉に尽きるのです。

その昔、中国は北斉から唐初にかけて、山西省の太原地方におられた道綽禅師（五六二〜六四五年）という浄土宗の祖師が、『安樂集』二巻を撰述されました。その第三大門のなかで、聖道・浄土二門という教判をお示しになりました。そのなかに、当今は末法、現に五濁悪世なり。唯だ浄土の一門のみありて通入すべき路なり。と仰せになり、時代と人と教えの三つが一致相応した浄土門の信仰を鼓吹されました。宗祖上人はこの禅師のお言葉―「通入」の二字について、『往生大要鈔』のなかに、

通じているべしといふにつきて、わたくしに心うるに二つの心あるべし。一にはひろく通じ、二にはとほく通ず。（中略）とほく通ずといふは、末法万年ののち法滅百歳までこの教とゞまりて、その時にきゝて一念するみな往生すといへり、いはんや末法のなかをや、いかにいはんや正法像法をやと心えつれば、往生の時もるゝ世なし。かるがゆへにとをく通ずといふなり。

（『和語燈録』巻第一所収）

と述べられています。

つまり法滅という最悪の事態が、現実に事実となってあらわれているそのただ中にあっても、南無阿弥陀佛とみ名をおとなえすれば、皆お迎えをいただいて往生させていただけるのです。しかるに末法時という今時は、法滅時に比べるならば、まがりなりにも、佛法僧の三宝が行われている佳き時代でありますから、み名をとなえる人は往生できない、ということは決してあり得ないことである、と宗祖上人が仰せになっているのです。

宗祖上人はこのように、最悪の事態を予想して、その最悪の事態に基準を置いて、ものごとをお考えになる思考の持ち主でありました。したがって法滅時という最悪の時代にあってもお念佛によって往生できるのであるから、ただひらにお念佛申す人は末法時は言うに及ばず、像法時であろうと正法時であっても、すべて往生できるとお考えになったわけであります。お念佛はただ末法時という限られた時代だけに適応する行法にしか過ぎないという偏見は、この宗祖上人の達見によって改められることになりました。このことは、阿弥陀佛がすべての人をひとり漏れることなく、極楽浄土に迎えとるという本願の聖意が、過去・現在・未来という時間の制約を受けることなく、「堅《しゅ》に十方世界をひさしく利益《りやく》し給う」(『三部経釈』)ことを物語っています。

ともあれ、この尊い阿弥陀佛の救わずにはいられないお慈悲の聖意を、『無量寿経』の上に「ひとりこの経をとゞむ」とお説き下さった釈尊の出世の本懐、さらにそれを「ひとり念佛をとゞむ」とお受けとりになった宗祖上人の達見をありがたくいただくならば、お念佛の一行にいっそう励みを増すことになります。

第二科の「四つの疑義と解決」の第四は、

わか身わろしとてうたかふへからす、
自身ハこれ煩悩具足せる凡夫なりといへり。

というご文についてであります。

このご文を拝読していますと、さきの「罪人なりとてうたかふへからす、罪根ふかきをもきらはす」という、四つの疑いの第二のご文が思い浮かんできて、おのずから口ずさむほどであります。この第二と第四のご文との間には切り離せない、つながりがあるように思われてなりません。

人は誰しも目、耳、鼻といった感覚器官としての「根《こん》」を具えています。それは男女の区別なく、生まれながらにして具わっています。たとえば生後一年過ぎなければ両眼を具えることができない、二年後になってやっと両耳を具えることができる、というのでないことは申すまでもないことであります。このように、生まれながらにして目、耳、鼻を具えた「からだ・身体」のあるからには、人間に特有な性《さが》、すなわち煩悩もまた、すべての人が一律平等に生まれながらにして具えているのです。それは決して後天的ではなく、先天的に「からだ・身体」の上に具わっているはたらきであります。

私はこの先天的なはたらきを、「人間の性《さが》」という表現で呼ぶことにしています。この「人間の性」に対して佛教では歴とした「煩悩《ぼんのう》」という名称が与えられています。奇をてらって「人間の性」といっているわけではなく、馴染みにくい佛教用語を避けて誰もが理解しやすいことを意図してのことであります。さて、煩悩とは字の通りに煩《わずら》い、悩《なや》むことでありますから、決して歓迎されるべき心のはたらきではありません。人の身と心を煩わし、悩ます精神作用を総称した用語であります。心のけがれ・濁り・妄念などは、皆この煩悩に基づいているのです。

私たちが朝暮に親しんでいる「日常勤行式」に、「総願偈」の文が記載されています。その第二偈は、

煩悩は無辺なれども、誓って断ぜんことを願う。

とあります。煩悩の数は「無辺」といわれるように数えきれないのです。ところが歳末、教会の鐘がカランコロン　カランコロンと寒風をついてクリスマスの夕べを告げますが、その後大晦日の終わり、まさに新年を迎えようとする時に、寺院の梵鐘がゴーン　ゴーンと鳴り響きます。その梵鐘は百八撞くのです。百八という数はいったい何の数かと申しますと、煩悩の数なのです。無辺とも無数とも言われる煩悩をその内容によって分類し整理いたしますと、百八という結果を得たのであります。人は皆生まれながらにしてこの煩悩

を具えていますから、宗祖上人は「わが身わろし」と表現されたのであります。

このように煩悩を具えた人について、「自身はこれ煩悩を具足せる凡夫なりといへり」と、宗祖上人が仰せになられたのは、善導大師の『往生礼讃偈』前序のお言葉を、お借りになったからであります。「煩悩具足」は決して他人様のことでなく、自分自身こそ「煩悩具足の凡夫」であるというのが、善導大師ご自身の宗教的自覚であり、また、宗祖上人のそれであります。

人はそれぞれ経歴が違いますから種々雑多であり、いろいろにランクづけされますが、しかしすべての人はおしなべて、この煩悩という人間の性を生まれながらにして、一律平等に具えていますから、一人ひとりの人はすべて「凡夫」、なみの人、ただ人というべきであります。わが国においてこのような考え方に先鞭をつけられたお方は、和国の教主と仰がれる聖徳太子（五七四〜六二二年）であり、

われ必ずしも聖にあらず、彼かならずしも愚にあらず、共にこれ凡夫のみ。

という『十七条憲法』第十条のお言葉であります。

ひるがえって大乗佛教に目を移しますと、菩薩の修行の進み具合を十信、十住、十行、

十廻向、十地という五十の階位によって捉えています。そのなか十住、十行、十廻向という階位にある菩薩を三賢とも、内凡夫とも呼び、それに対して十信の階位にある菩薩を外凡夫といっています。さらに、十信にも至らない菩薩を底下の凡夫、あるいは地獄、餓鬼、畜生、阿修羅、人、天という六道を輪廻し続けている人たちを六凡とも呼んでいます。これに対して、菩薩道の最高位にある十地の菩薩を聖者と名づけています。ここにも凡夫という表現を見出すことができますが、たとえ菩薩としての修行の浅深、高下に基づくとは言え、凡夫にランクづけをしていることに注目させられます。

しかるに、この聖道家の考え方に対して、浄土家にあって善導大師は、『観無量寿経』に説かれる九品という往生人に対するランクづけについて、「九品は皆凡夫である」と宣言されました。その画期的な妙釈は『観経疏』玄義分のなかに、上品の三生は大乗に遭える凡夫、中品の三生は小乗に遭える凡夫、下品の三生は悪に遭える凡夫である、とお示しになっています。このように聖道家にいうところの凡夫も、浄土家にいうところの凡夫も、字としては同じでありますが、内容の上からは一線を画して理解しなければなりません。ここに同じ佛教であっても、人の捉え方に相異のあることを、まざまざと見せつけられる次第であります。

ところがさらに、人に対する異なった捉え方のあることを紹介して置かねばなりません。人は誰しも、おしなべて生まれながらにして佛の性を具えている、という『大般涅槃経』の説であります。それは「一切衆生悉有佛性」という、おなじみの経文であります。一人ひとりの人が佛の性を具えているということは、ひらたく申しますと、人はすべて佛の子である、といっても過言ではありません。しかしそのことは、佛様の御目からご覧になってのことなのです。だからどの男の人も、女の人も、老若にかかわりなく、一人ひとりが佛様のかけがえのない、いとしい息子であり、娘でありますから佛の子と言い得るわけであり、佛の子でありますから佛様の性を受け継いでいると言い得るのです。

しかしよく考えてみますと、心霊の親にまします佛様の在ますことに気づかずにいる私は、どう考えても佛の子であるとは言えません。煩悩という人間の性を主人公とし、その主人公の命ずるままに日ごろ行動していますから、まさに煩悩に振り回されながら、生きているただ人であり、なみの人間にしか過ぎないのです。これこそ、私たちのいつわらざるありのままの相《すがた》であります。佛の子として生きていない私、佛の性が私たちの生活のすみずみに露、塵ほどまでもあらわれていない私たち、それがいつわりのない私たちの現実の相であります。したがって、佛の性を具えた佛の子というのは、私たちの現実のありのままの相に対して、私たちのあるべき相として受けとらねばなりません。性という字は同じでも、その性の上に冠する字の違いによって、人の性と佛の性となりますから、この双方の間には越えがたい深い溝のあることに気づかされます。

人間の性は佛の性があらわれないように、はたらかないようにしますから、佛の性は私の上にあらわれ、はたらかないわけであります。聖道家において凡夫をランクづけするのは、佛道の実践を通して、この佛の性が修行を重ねる菩薩の上にどれだけあらわれ、佛性がどれだけはたらいているかを示すためであります。浄土家は聖道家のようにあるべき性を佛道の修行を通して、あらわし出そうとはいたしません。現実のありのままの相を信知しますから、阿弥陀佛の偉大な本願成就のお力にすがり、頼ってお救いを、お育てをいただこうとするのです。このように人をどのように捉えるかの相異は、さとりを目的とする聖道家と、救いを目的とする浄土家というように、異なった佛道を、生死を出離する道を開くことになります。この相異は勝劣をもって計り、決することができませんから、それぞれの立場を認めあって、混同しないようにしなければなりません。宗祖上人はご自身にふさわしい佛道、有縁の佛道として凡夫の救われる道を選びとり、ひたすらにその道を歩まれ、私たちをご指導下さっているのであります。

宗祖上人は『往生浄土用心』のなかに、

凡夫と申、二の文字をば、狂酔のごとしと弘法大師釈し給へり。げにも凡夫の心は、物ぐるひ、さけにゑいたるがごとくして、善悪につけて、おもひさだめたる事なく、一時に煩悩百たびまじはりて、善悪みだれやすければ、いづれの行なりとも、わがちからにては行じがたし。

（『拾遺和語燈録』巻下所収）

と述べられています。このなか「弘法大師釈し給へり」というのは、空海（七七四〜八三三年）撰になる『秘蔵宝鑰』巻上の開巻のところに示されている、「凡夫狂酔　不弁善悪」という八字を指しています。宗祖上人はこの弘法大師のお言葉に基づいて、あたかも狂酔状態に陥っている私たち凡夫に適応した生死を出離する法門・道を、聖道家の上に見出すことができないと指摘されているのです。

人間の性そのままを何のためらいもなく生きている人を、狂酔と呼ばれると心外であると感じないお方は、おいでにならないでしょう。それにも拘らず狂酔と断言するのは、佛の性をそのままに生きている人であればこそ言い得るのではないでしょうか。このことは、恐ろしいことも知らずに、われを忘れて遊んでいる幼児を見た大人が、あっ、あぶないと感じとるや、幼児に遊びをやめるよう忠告するに等しいのです。耳を傾けて拝聴するに値しないと、誰が言い得ましょうか。しからば、なぜ、凡夫を「狂酔のごとし」と言い得るのでしょうか。

　私たちを狂酔状態に陥らしめるのはほかでもない、私たちが生まれながらに具えている人間の性、つまり煩悩であります。煩悩は私たちの日常生活の上に絶え間なくはたらいていますから、具体的にはその数をかぞえることができないほど無数であります。しかしそれを整理し、分類いたしますと、貪欲というむさぼりのはたらき、瞋恚という怒り・腹だちのはたらき、愚癡というものの道理に暗いというはたらきに要約されます。この貪瞋癡を三大煩悩といっています。煩悩はまた、結使という異名を持っています。ひとたび煩悩のはたらきが身と口と心の上に行動をおこしますと、必ずその報《むく》いとして苦しみを受けて、迷妄の状態につなぎ・とめられるのです。このように煩悩は人を追いたてて、貪瞋癡をはたらかせますから、使役動詞の「使」を用いています。しかも、ひとたび煩悩をはたらかせますと、人を苦しみの状態に縛りつけ、身動きができないように自由を奪ってしまいますから、「結」の字を用いています。つまり煩悩は人を駆使して惑と業と苦に縛ってしまう、恐ろしいはたらきをいたします。

　さて三大煩悩の第一貪欲は、具体的に淫貪、財貪をはじめ、権勢欲、名誉欲などをあげることができますが、しょせん、飽くことなくほしがる心のはたらきで、その欲張っている様子は傍目《はため》にもがつがつと見られるほどであります。つまるところ、足ることを知らないために、必要以上にほしがる心のはたらきであります。第二の瞋恚は怒り・腹だちの心であります。貪欲は心にかなった対象に向かってはたらくのに対して、心にかなわない、心にそわない対象に向かってはたらきます。この心が発動して次第に感情が昂じてまいりますと、殴る、蹴る、投げるという行動をいたします。それはしてはならないという理性による抑止がはたらかないようになるからであり、あたかも燃えさかる炎がすべてを焼き尽くすように、洪水が堤防を決壊させるような破壊力を持っています。第三の愚癡はものの道理、特に佛教の説く因縁、因果の道理に暗いから、現象や道理を的確に判断することができずに、自分勝手な誤った考え方をしてしまいます。

この貪瞋癡が度をこえてはたらきますと、予期しない恐ろしい結果を招くことになります。むさぼりに溺れたり、怒り・腹だちにわが身を焼いたり、智慧の眼が開かれていないばかりに躓き、転びます。それらは昨今の新聞紙上にそのありさまを報道していますから、手にとるようにその実況を知ることができます。人はすべて煩悩を具えていますから、いつなんどき溺れたり、焼いたり、転んだりという予期しない事態に陥らないとは限りません。一人ひとりの上に発動した煩悩は自分自身だけでなく、人様の心や社会をも濁し、汚し、汚染し続けるのであります。そうした煩悩を自分自身の心の主人公としている限り、私たちは諸悪の根源・汚染の根源といっても過言ではありません。そういった煩悩具足の私たちでありますが、ただ南無阿弥陀佛と称名することによって、お救いをいただくことができるのであります。

浄土宗の教え・念佛の信仰（第三科）

——三つの選び——

私はこの第三科に対して「浄土宗の教え・念佛の信仰——三つの選び——」という標題をつけました。なぜかと申しますと、それは多くの宗教・信仰の中から、なぜ、浄土宗の教えを選び取り、お念佛の信仰に生きなければならないのか、という極めて重要な問いかけに対して、宗祖上人が直々にお答えをお示し下さっているからであります。つまりこの第三科には、人ひとり一人が喜怒・哀楽・死生などの真直中を生きぬく上に、何を「ただ一つの心の支え・よりどころ」とすべきであるのか、という「宗」の一字にかかわる内容が示されているのです。

ともかく、人が人生の荒海をのりこえ・乗り越え前進を続けるには、よほどしっかりとして、微動だにもしない強固な腰の据えどころを捜して、そこにどっしり腰を据える必要があります。そのためには、どうしても「三つの選び」をしなければなりません。「選び」は選《え》りすぐることですから、目のつけどころをはっきりさせて、劣ったものを選び捨てながら、より勝れたものを選び取らねばなりません。ここにいう「三つの選び」をするための、目のつけどころ・目標は、いったい何でありましょうか。それは宗教・信仰にとって一番大切な信仰の目的（所求《しょぐ》）、信仰の対象（所帰《しょき》）、信仰の目的を達成するための方法（去《こぎ》行《よう》）という三大要素であります。

宗祖上人は、この三大要素の一つ一つを、一段宛てにお示し下さっています。第一段には浄土宗は何を信仰の目的とするのか、第二段には浄土宗は何を信仰の対象とするのか、第三段には浄土宗は信仰の目的を達成するための方法として何を実践するのか、ということを明らかにされています。

〔第一段〕

十方に浄土おほけれとも　西方をねかふハ　十悪五逆の衆生のむまるゝゆへ也。

私たちの住む娑婆世界をこえた東西南北など十の方角のそれぞれに、佛の在《まし》ますお浄土が無数にあるなか、とくに西方の極楽世界を選んで、そこに往生を願うのは、人間の性のおもむくままに罪を造った者も往生できるからであります。

〔第二段〕

諸佛の中に弥陀に帰したてまつるハ　三念五念にいたるまでみつからきたりてむかへ給ふかゆへ也。	数多い佛様のなかから、とくに阿弥陀一佛を選んで、おすがりするのは、あらゆる佛様に見はなされた女性を、浄土に引き取るために、ご自身がわざわざお迎えに来て下さるからであります。
〔第三段〕 諸行の中に念佛をもちゐるハ　かのほとけの本願なるかゆへ也。	数多い佛道修行のなかから、とくに称名念佛の一行を選んで、み名をおとなえするのは、阿弥陀佛の定められた本願の行であるからであります。

宗祖上人は建久九（一一九八）年、六十六歳の御時、畢生の大著『選擇本願念佛集』を撰述されました。その草稿本と思われる古鈔本を拝見いたしますと、開巻劈頭の第一行目に「選擇本願念佛集」という七字からなる表題が置かれてあり、第二行目に「南無阿弥陀佛」と六字の名号を置いて、その真下に「往生之業念佛為先」という八字を割注として置いています。こ

の二十一字はまぎれもなく法然上人のご自筆で、今なお墨の色も鮮やかに残っています。

この宗祖上人の自筆の二十一字のうち、「南無阿弥陀佛　往生之業　念佛為先」という十四字のなかには、浄土宗の教え・念佛の信仰についての三大要素がおさめられています。割注の右側の「往生之業」の「往生」は、申すまでもなく浄土宗の信仰の目的であります。さらに「往生之業」、すなわち、信仰の目的を達成する方法については、割注の上に具体的にはっきり、「南無阿弥陀佛」という六字の名号をおとなえすることであると示されると同時に、その「南無阿弥陀佛」の阿弥陀佛は「南無」・帰命《きみょう》すべき信仰の対象であるから、願生者は身も心も投げだして阿弥陀佛におすがりし、お救いをいただきたいとお願いすべきであるとお示し下さっています。割注の左側の「念佛為先」は、往生という信仰の目的を達成するための称名念佛は、何をさしおいても、まずみ名をとなえよという思召《おぼしめ》しであり、『一枚起請文』の結句である「ただ一向に念佛すべし」と同じ趣旨であります。

第一段は、私たちが生活を繰り広げている汚染に満ちみちた娑婆の世界を遠く離れて、東の方、南の方といった方角のそれぞれに、数限りない佛国土・お浄土が実在しているのに、どうしてその中から西方極楽世界という特定の一佛国土・浄土を選び取って、そこに往生しようと願うのだろうかという問いかけと、それに対する解答を内容としています。

はじめに佛様とお浄土の関係と、そのお浄土の所在について述べておきたいと思います。佛様とお浄土、言い換えますと佛身と佛国土とは切り離すことのできない関係にありますから、専門用語で「身土不二」といっています。つまり佛国土はその佛様の清浄業に基づいて成立していますから、佛身を離れて佛国土のあるわけはありません。しかも佛様の清浄業はそれぞれ中味が異なっていますから、一つとして同じ佛国土はありません。それぞれ独自な特徴を持っています。その佛国土は、私たちの不浄な業に基づいて成立している穢土・娑婆の世界と比べると、迷悟、浄穢といった質を異にしていますから、浄土と申します。また、そのお浄土の所在は、私たちの穢土・娑婆世界から東の方、あるいは西の方というように、方角をもって示されています。その方角は東方、南方、西方、北方、下方、上方という六方、あるいは六方に東南、西南、西北、東北を加えた十方によって示されています。私たちにとってなじみの深い『阿弥陀経』（姚秦、鳩摩羅什訳）には六方を、その異訳『称讃浄土佛摂受経』（唐、玄奘訳）には十方を説いています。十方は六方の方角よりも詳しく示しただけのことで、さしたる内容上の相異ではありません。

さて、「十方に浄土おほけれと」というのは、十方という一つ一つの方角に、一佛国土・

浄土があるというのではありません。たとえば、西という方角には、阿弥陀佛の在《まし》ます極楽と名づけられるお浄土とさらにそのほかに数えきれない多くの佛さまのお浄土がある、と『阿弥陀経』に説かれています。したがって十方という十の方角の一つ一つに無数の佛国土・浄土がありますから、「十方に浄土おほけれと」と宗祖上人が仰せになったのでありまます。そういたしますと、私たちの穢土・娑婆の世界の四方、八方、上下は、無数の佛国土・お浄土によって取り囲まれているわけです。しかし不浄の業をこととする私たちにとって、清浄業に基づくお浄土は手の届きようのない別世界です。『阿弥陀経』には、「これより西方十万億佛土を過ぎて世界あり。名づけて極楽という」と説かれていますが、それは穢土と浄土の間には越えがたい溝のあることを示しているのです。

このように私たちの穢土・娑婆の世界を取り囲んでいる十方には、数えきれないほど多くお浄土があるなか、とくに西方極楽世界だけを選び取って、そのお浄土に往生を願うからには、それなりの理由があってのことでなければなりません。一口で申しますならば、西方極楽世界は、私たち不浄業に終始する行いをしている穢土・娑婆世界の人間にご縁がある、というほかありません。

いうところのご縁とは、いったい何でありましょうか。お浄土は佛様の在ますところでありますから、佛様の清浄業にふさわしい清浄な国土であります。しかるに私たちは、不浄業によって十悪を造り、五逆という重罪を犯す人間であります。そのように不浄をこととする私たちは、清浄な佛国土の人になれる道理は毛頭ありません。「未断惑の凡夫、すべてむまるべからず」と宗祖上人が『三部経釈』のなかに仰せになっている通りであります。惑という煩悩を、人間の性《さが》として生まれながらに具えている私たちでありますから、お浄土に往生するにはどうしても、不浄業を行う根源である煩悩・惑を断ち截る必要がある、というのが聖道家に共通した考え方であります。宗祖上人は先ほどの『三部経釈』のお言葉に続いて、

といへども、弥陀の別願不思議にて、罪悪生死の凡夫、一念十念してむまる。

（『和語燈録』巻第一所収）

と仰せになっています。たとえ未断惑の凡夫であり、十悪・五逆の罪を造った人間でも、阿弥陀佛の本願の思召しによって、十声一声、南無阿弥陀佛とみ名をとなえた人を、阿弥陀佛は極楽にお迎え下さるのです。このような阿弥陀佛の本願のみ心といい、罪を造った者をお迎え下さることといい、すべて私たちの思慮分別では計り知ることができないことでありますから、「弥陀の別願不思議」と仰せになっているのであります。

極楽は、まさに人間の性にさいなまれて罪を造った私たちが迎えとられる阿弥陀佛の国土であり、阿弥陀佛がすべての人間を漏れなく救済される救いの場であります。私たち人間にとって、西方極楽はかけがえのないご縁の深い佛国土、というほかありません。つまり、私たちに向って門戸を開いて、速やかにきたれと待ちわびて下さっている世界が、阿弥陀佛の浄土なのです。阿弥陀佛の浄土が有縁の土であるのは、このように私たちが召され、招かれている国土であるからであります。

第二段の内容は、この娑婆世界をとりかこんでいる十方に無数のお浄土が実在し、その一つ一つのお浄土に佛様が在ます、という前段の基調を踏まえて理解しなければなりません。十方の方角に数えきれないほどの佛様が在ますにも拘らず、なぜ、その中から特に阿弥陀一佛を選びとって、信仰の対象としなければならないのか、という問いかけとそれに対する解答を示しているのが、この第二段です。

すでに極楽は私たちにとって、ご縁の厚い阿弥陀佛の国土であることを前段で述べたところであります。しかも身土は不二でありますから、阿弥陀佛を極楽の主といただくことができます。そうしますと阿弥陀佛は私たちにとってご縁の厚い、かけがえのない救済佛として仰ぐことができます。だからこそ、無数の佛様の中から特に阿弥陀一佛を選びとって、信仰の対象としておすがりするのです、といってしまえば、第二段についてこれ以上申し上げる何ごともないわけであります。しかし実はそうではありませんで、間違った理解に陥りやすいお言葉がありますから、それを適確に理解して置かねばなりません。と申しますのは、「三念五念」をどのように理解するかということであります。

この「三念五念」について、何のためらいもなく南無阿弥陀佛という六字の名号を声に出して三遍、あるいは五遍おとなえすることである、と堂々と発表されているのを多くみかけますので、この際、宗祖上人のご遺文をとおして、このような誤った理解を訂正いたしたいと存じます。

宗祖上人は『念佛往生要義鈔』の最後の段のところに、

抑機をいへば五逆重罪をえらばず、女人闡提をもすてず。行をいへば一念十念もすてず。これによて五障三従をうらむべからず。この願をたのみこの行をはげむべき也。念佛のちからにあらずば、善人なをむまれがたし、いはんや悪人をや。五念に五障を消し、三念に三従を滅して、一念に臨終の来迎をかうぶらんと、行住坐臥に名号をとなふべし。時処諸縁に此願をたのむべし。あなかしこ〳〵。南無阿弥陀佛　南無阿弥

陀佛

（『和語燈録』巻第二所収）

という一文を置かれています。

この御文の中核は、なんといっても女人往生にあります。阿弥陀佛はすべての人を漏れなく救うことを根本の願望とされ、しかもその本願をすでに成就された救済佛でありますから、機の善悪を問題としないで、五逆という重罪を犯した人も、五障三従といって嫌われる女人も、佛になる因《もと》を持たない闡提《せんだい》をも、すべて救済の対象とされる願佛なのです。その願佛・救済佛のお救いをいただくためには、ただ南無阿弥陀佛と十声・一声み名をおとなえしたならば、お浄土に迎えとっていただけるというのであります。「五念に五障を消し、三念に三従を滅して、一念に臨終の来迎をかうぶらん」という、五・三・一は文章のあやでありますから、お念佛を申す女人はすべて臨終にお迎えを頂戴して浄土の人に生まれかわることができる、というのが法然上人のみ心であります。

このように数限りない佛様の中から、特に阿弥陀一佛を選びとって救済佛と仰ぐことは、女人の往生を認め、それを強く広く勧められた宗祖上人の思召《おぼしめ》しです。上人は『無量寿経釈』の中で「女人は三塗八難の処、六道四生に生まれても、浄土に往生できないのは、五障・三従の持ち主であるからだ」（取意）、というこの時代の考え方を紹介され、続いて伝教大師最澄（七八四〜八二二年）は比叡山を、弘法大師空海（七八四〜八四五年）は高野山をひらいて佛道修行の道場とされたが、ともに女人を嫌って佛道の門を閉じたことを指摘されました。このことは佛教の伝統的な女人観を背景として、この第二段を拝読すべきことを示唆しています。阿弥陀佛の本願のみ心をお汲みとりになった宗祖上人によって、女人往生の門は遂に開かれたのであります。宗祖上人ご在世当時、佛道修行という観点から一番嫌われた女人を表面に打ちだしながら、そのような女人を含めて、すべての人を漏れなくお救い下さる阿弥陀佛を、無数の佛様の中から選びとって信仰の対象と定められたのが、この第二段の心であります。

第三段は、数多い佛道修行の中から、なぜ、特に南無阿弥陀佛とみ名をおとなえする称名念佛の一行を選びとって往生のための行とされたのかという問いかけと、それに対する解答を内容としています。したがって前段で述べた、すべての人を漏れなく救済することを根本の願望とされる阿弥陀佛のみ心を踏まえながら、この段を拝読すべきであります。

阿弥陀佛の救済のみ心は、具体的に四十八の誓願となってあらわれ、しかもその誓願の一つ一つを成就されたのでありますから、もはや誓願は救済のはたらきとなって、今現に私たちにはたらきかけているのであります。この四十八とおりの救済のはたらきの多くは、お浄土に迎えとられた人が頂戴する得難いご利益であります。そのことは誠に有難いことに違いありませんが、なんといっても、私たちがお浄土に往生することが先決であります。その往生にかかわるのが、第十八念佛往生の願であります。

阿弥陀佛は、誓願を成就された十劫という大昔から今に至るまで、「わが名をとなえよ、しからば一人漏れなくわが浄土に迎えとるぞよ」と、私たちに向かって呼びどおしに呼び続けられているのが、この念佛往生の願であります。私たちは阿弥陀佛のこの呼びかけに応《こた》えて、声に出して南無阿弥陀佛とみ名をおとなえするのが称名念佛であり、それが往生の因《もと》となるのです。私たちがおとなえする、南無阿弥陀佛の一声一声は、どうぞ、この私をお救い下さい、どうぞ、私をお浄土にお迎え下さいという切なるおもいをこめて、阿弥陀佛をお呼び申し上げるのでありますから、阿弥陀佛はその声を尋ね、その声に応《こた》えて救いのみ手をさしのべ、お迎えに来て下さるのであります。このような称名念佛は「順彼佛願故」といわれるように、阿弥陀佛が「念佛をもて、まさしくさだめたる往生の業」(『大胡太郎実秀へつかはす御返事』(『和語燈録』巻第三所収))でありますから、これを正定業《しょうじょうごう》と呼んでいます。宗祖上人は、「本願の念佛には、ひとりたちをせさせて、助をさゝぬ也」（『諸人伝説の詞』「禅勝房伝承の御詞」）と、生涯を通して称名念佛の一行の独立を主唱し、他行の助けを借ることを強く否定されたのであります。

このように称名念佛の一行は、二重の呼び・応えるという人格的対応の上に、往生という一大事をとげさせる不思議なはたらきを秘めています。往生の素懐をとげるためにおとなえする称名念佛は、阿弥陀佛によって指定された行であり、しかも「わが名をとなえよ」と阿弥陀佛から呼びかけられているお念佛でありますから、私たちにとって大変ご縁の深いわけであります。したがって、数多い佛道修行を選び捨てて、この一行を選びとって、往生の行と定められたのであります。

この第三科に示される三つの選びを貫いている基調は、阿弥陀佛と私たちとご縁が深いということであります。そのご縁は私たちが積極的にはたらきかけて結んだご縁というよりも、阿弥陀佛が私たちに向かって縁を結べよと、呼びかけられたご縁なのであります。善導大師は「今の時、往生を願う者は、みなこれ一切投化の衆生である」（『観経疏』玄義分）と仰せになっているように、私たちは自覚すると否とに拘らず、阿弥陀佛のお救いの真直中にあって、しかも救いのみ手をさしのべられているのであります。ご縁を結ぶように計らって下さったのは、なんといっても阿弥陀佛なのであります。ですから阿弥陀佛とそのお国土は、私のかけがえのない救い主であり、私がお救いをいただく場であります。その浄土に往生することは、至ってご縁の深い阿弥陀佛のお側に行くことであり、そこでみ教えをいただくことであります。しかも往生するためには、「わが名をとなえよ」と阿弥陀佛が定められた称名念佛をすることによって果遂されるのであります。そういうわけで、阿弥陀佛（所帰）を離れたお浄土（所求）がないように称名念佛（去行）もまた、阿弥陀佛を離れてはないのであります。宗祖上人は『選擇集』第六章の私釈段のなかで、所求について、

　十方の浄土は機縁浅薄にして、西方浄土は機縁深厚なり。

と仰せになって西方極楽に往生することを願われ、さらに去行について、

　諸行による往生は機縁最も浅し、念佛往生は機縁甚だ深し。

と仰せになっています。いずれも機縁の浅深によって、浅薄なものを選び捨て、深厚なものを選びとっていられるのであります。

この第三科「浄土宗の教え・念佛の信仰」を成立させるための三つの選びの稿を結ぶに

あたって、宗祖上人が『選擇本願念佛集』の終章の私釈段のなかで、「お念佛の一行」についての二つの選び、その一つは佛様による選び、今一つは往生を願う私たちによる選びをお示し下さっていますので、そのことに触れたいと存じます。

はじめに、「佛様による選び」とは、すべての人が一律平等にわけへだてなく往生できる「念佛の一行」を数多い佛道の修行のなかから取捨・選択して、唯一の往生行である決定をされたお方を、浄土の三部経と『般舟三昧経』に基づいて、阿弥陀佛と釈尊と六方の諸佛である、とお示しになったのが、八種選択のことであります。今一つ「往生を願う私たちによる選び」とは、釈尊が説かれた一代の法門に聖道浄土の二門ある中、時機にかなった教えである浄土門を選びとり、浄土門における往生行である正雑二行のなかから「阿弥陀佛にをきて親しき行」（『三心義』）としての五種正行を選びとり、五種正行のなかから本願に順ずる称名の一行を正定業として選びとり、余の四行を助業と心得て傍《かたわ》らにする、とお示しになったのが三重選択であります。

往生を願う心の姿勢（第四科）

――すがる心と信ずる心――

第三科をとおして、自分の心をどこにすえるべきか、ということがあきらかになりました。それは救い主阿弥陀佛を信仰の対象として仰ぎ（所帰）、その阿弥陀佛の在ます極楽に往生を願い（所求）、往生をとげるために南無阿弥陀佛とみ名をおとなえする（去行）という三つの上に、心を安置・安住させることでありました。

さて、そういたしますと実際に往生を願うには、どのように心をはこべばよいのでしょうか。この問いかけに答えるのが第四科の内容であります。

〔第一段〕

いま弥陀の本願に乗して往生してんにハ願として成せすとい

このたび、すべての人を漏れなく救いとって下さる阿弥陀佛の本願におすがりして、極楽に往生したいと願うならば、その願いは、本願のみこころにかなっているのでありますから、往生ふ事あるへからす。

〔第二段〕

本願に乗する事ハたゝ信心のふかきによるへし。

できないことは、まったくありません。

阿弥陀佛の宏大な救いのみこころを受けて、「往生するぞとおもひとりて」み名をおとなえするには、どうしても、私の拙い計らいや疑いを捨て去って、本願のみこころを深く信じなければなりません。

私はこの第四段のお言葉を拝読して、特に「乗」という字に心をひかれながら、はるか遠い昔、問答をとおして東洋と西洋の出会いのあったことに、思いを馳せました。世界史に登場するアレキサンダー大王の東方遠征のあとを受けて、ギリシャ人があいついで西北インドに王朝を建てました。その王朝のなか、碧眼のメナンドロス（ミリンダ王　西暦前一六〇年ごろの統治者）という国王と、ナーガセーナ（那先）比丘という佛教の修行者との問答を綴った『ミリンダー王の問い』（『那先比丘経』）という経典が伝えられています。

その経典のなかに、大王が、「〝たとえ百年の間、悪行を重ねても、臨終にひとたび佛を念じたならば、天上に生まれることができる〟、とか、〝ひとたび殺生すれば地獄に生まれる〃、と佛教は説いているが、私はこの双方を信ずることができない」と、比丘に迫ったことが記されてあります。このとき比丘は、「たとえ小さい石でも、船なくして水の上に浮かびましょうか。それと同じように、百の車に積むほどの石でも、船に載せたならば沈むことなく、水の上に浮かぶでしょう。大王よ、佛を念ずるという善業は、あたかも船のごとく見なさるべきであります」と答えて、ついに大王を承服させたことを伝えています。

さて、「弥陀の本願に乗して往生してんにハ」という第四科冒頭のお言葉は、信仰の目的である往生を実現する上での、重大なポイントの一つであります。なんと申しましても、往生という一大事をとげるには、自分の力によって、自分が勝手に実現するのではありません。どうしても、救いの主であり、しかも極楽のあるじに在します阿弥陀佛の本願に乗ずるという、偉大なる本願業力を仰がなければ実現できないのであります。このことを、「弥陀の本願に乗して」と、宗祖上人は仰せになっているのであります。

このように、「乗」の字を用いていられるからには、乗り物に乗ることが予想されます。その乗り物とは、私たちが住みなれている穢土と呼ばれる娑婆世界から、阿弥陀佛が在します浄土といわれる極楽世界に渡す大船を指しています。この極楽行きの大船は、娑婆の世界で人間の手によって造られたのではありません。阿弥陀佛がすべての人を、娑婆の世界から極楽世界に渡し、迎えるために、特別に仕立てられた大船であり、しかも、すべての人を平等に一人漏れなく極楽世界に迎えるべく、わざわざ娑婆の世界にまで、お迎えに遣わされた大船なのです。つまりこの大船は、すべての人を漏れなく救いとるという阿弥陀佛の救済意志とその意志のはたらきを指しています。さらに、迎えの大船は、「わが名をとなえる人を、わが国土に迎えとるぞよ」という阿弥陀佛の救いの呼び声が、私たちの耳目に達したことをたとえている、といってもよいでしょう。したがって、往生を願う人は「わが名をとなえよ」という阿弥陀佛の救済の意志、その呼びかけを素直にそのままいただいて、ひたすら南無阿弥陀佛とみ名を、声に出しておとなえすることが、本願の大船に「乗」ずることであります。

宗祖上人は『往生浄土用心』のなかで、

世間の事にも他力は候ぞかし。あしなえ、めしゐたる物の、とをきみちを、あゆまんとおもはんにかなはねば、船車にのりてやすくゆく事、これわかちからにあらず。乗物のちからなれば他力也。

あさましき悪世の凡夫の諂曲の心にて、かまへてつくりたるのり物にだに、かゝる他力あり。まして五劫のあひだ、おぼしめしさだめたる本願他力のふね、いかだに乗《のり》なハ、生死の海をわたらん事、うたがひおぼしめすべからず。

（『拾遺和語燈録』巻下所収）

と仰せになっています。私たちが日ごろご厄介になる自動車、電車、バスなどは、科学技術の粋を結集して、人が造りだした乗り物であります。その乗り心地、時間の節約などで大変便利であると喜んでいますが、それぞれ騒音や排気ガスといった汚染をまき散らしますから、公害対策が取り沙汰されるのも無理からぬことであります。これに比べて阿弥陀佛の本願の大船という乗り物には、決して公害はつきまとうことはありません。どうぞ、安心して本願の大船にこぞって乗られることを、お勧めいたします。本願に乗ずる一人ひとりに具わる人間の性《さが》という汚染の根源を、清浄化するこの上ないはたらきが作動することに、本願に乗ずる意義を見出したいと存じます。

宗祖上人は、いつもお話しになったお言葉のなかに、「他力本願に乗ずるに二あり。乗ぜざるに二あり」とお示し下さっています。上人はこのお言葉のなかで、「罪をつくる時」と「道心のおこる時」という双方のそれぞれに、本願に乗ずる場合と乗ぜざる場合のあることをご指摘になっています。そのご指摘のうち、「罪をつくる時」、本願に乗ずる場合と乗ぜざる場合のあるということをとりあげたいと思います。

罪をつくる時乗ぜず。その故は、かくのごとく罪をつくれば、念佛申とも往生不定なり、とおもふ時乗ぜず。

罪をつくる時乗ずるなり。その故は、かくのごとく罪をつくれば、決定して地獄におつべし。しかるに本願の名号をとなふれば、決定往生せん事のうれしさよと、よろこぶ時に乗ずる也。

（『法然上人行状絵図』第二十一巻第一段所収）

というのが、それであります。

上人は、このように具体的な事例をあげて懇懇とお説き下さっていますが、本願に乗じない人も、本願に乗ずる人も共に、私は罪を造ったというマイナスの気持を持ちながら、どうして、このように不乗と乗というように袂をわかつのでしょうか。本願に乗じない人は、たとえ「念佛を申すとも　往生不定なり」というように、いくら念佛しても往生が決定しているわけではないと思い込んで、往生に期待をかけないからであります。つまり、自分が犯した罪にこだわるあまり、お念佛を申した人に加わる阿弥陀佛の大願業力のはたらきを軽視し、因果の道理を重視しますから、せっかくの本願に乗ずることができなくなるのであります。これに引き替え、本願に乗ずる人は、「決定して地獄におつべし」と、ひとまず因果の道理に基づく審判を認めながらも、一歩進んで阿弥陀佛のみ名をとなえてお救いを仰げば、間違いなく往生させていただけると思い込んで、ひたすら阿弥陀佛の偉大なる大願業力におすがりするから往生できるのであります。堕地獄必定の身に救いのみ手を差しのべ、極楽に迎えとっていただけると思えば、歓喜がこころに満ち、み名をとなえる称名の一声一声に、いっそうの勇みと励みが加わってまいります。このように本願に乗ずるか、乗じないかの分岐は、救い主阿弥陀佛におすがりするか、しないかという意地、心根ひとつにあるのです。

阿弥陀佛が、私たちのために特にご用意下さった、人ひとりも漏らさないというお救いの構えは、まことに宏大無辺でありましょうと、それに「おすがり」してお救いを仰ぐことのない限り、せっかくのお救いのみ心を無にすることになり、また、そのはたらきも実を実らすことができません。何と申しましても「本願に乗じて往生」の素懐を遂げるか、遂げないかは、一にかかって私自身にあることを、肝に命じて置かねばなりません。

救い主である阿弥陀佛に「おすがりする」やむにやまない心情は、必ず「往生するぞと思いとりて申す」お念佛の一声一声となってあらわれます。その阿弥陀佛のみもとに生まれたいという切なるおもいは、すべての人を救いとって、捨てることのない阿弥陀佛のお救いのはたらきを、増上縁としていただきますから、「おすがりする」称名の一声一声に応えて、救いの手をさしのべて下さるのです。

このように私のおとなえする称名の因と、救わずにはおかない阿弥陀佛の本願力の縁とがひとつに結ばれ、因縁和合しなければ、往生させていただけないのです。『観無量寿経』を拝読いたしますと九品段のなかに、「我れ来りて、汝を迎える」と記されていることに気づかされます。救い主阿弥陀佛と、救いを請い願ってお念佛する私とを「我」と「汝」という関係で捉えていますように、「わが名をとなえよ」と呼びかけられた阿弥陀佛は、ご自身のみ名をとなえる私を「汝」と受けとめて下さっているのであります。阿弥陀佛は、「わが名をとなえ」る私に対して、「汝」と呼びかけることのできるその日を、どれほど長く待ちわびられたことでありましょうか。

往生の素懐を遂げたいと「おすがりする」のは私でありますから、その私に対してそれをお受けいただく阿弥陀佛が在まさなければなりません。しかし悲しいことに私たちは、むさぼり（貪欲）、怒り腹だち（瞋恚）、ものの道理にくらい（愚痴）という人間の性を生まれながらに具えていますから、その人間の性が阿弥陀佛の現に在ますことに気づかさないばかりか、その実在を疑わさせることすらあります。このように往生を願いはいたしますが、往生する先の清浄佛国土の主人公であられる阿弥陀佛の在ますことを信知することは、まことに容易でないのが現状であります。宗祖上人は「春」と題して、

さへられぬひかりもあるををしなへて
　へたてかほなるあさかすみかな

（『法然上人行状絵図』第三十巻第六段所収）

と詠じられています。たとえ見たてまつることができなくとも、阿弥陀佛の実に偉大なる本願のみ心・お慈悲のふところのなかに包みこまれ、生かされながら生きている私であると思えば、人間の性のために目隠しをされていても、阿弥陀佛の現に在ますことを疑う心を、お念佛の一声一声ごとに退けていただき、申し訳ないと懺悔いたさねばなりません。

道心おこる時乗ずるなり。其故は、この道心にて往生すべからず。これ程の道心は、無始よりこのかたおこれども、いまだ生死をはなれず。故に道心の有無を論ぜず、造罪の軽重をいはず、たゞ本願の称名を念々相続せんちからによりてぞ、往生は遂ぐべきとおもふ時、他力本願に乗ずるなり。

（『法然上人行状絵図』第二十一巻第一段所収）

と、宗祖上人は常にお話しになりました。

この「上人つねに仰られける御詞」にいうところの「道心」というのは、「穢土《えど》を厭離《えんり》し、浄土を欣求《ごんぐ》する」心、簡略化して「厭欣」の心を指します。つまり私がつね日頃、自分の行いを通して、繰り広げている世界の「けがれ」、「にごり」に対し嫌悪の情をもって打ち捨て、清浄な国土をよろこび、慕い求める心こそ、道心であります。このような厭欣の心は、その昔おこしたこともありましたし、今またおこし、さらに将来おこすこともありましょう。しかし厭欣の心だけでは、決して生き死にの世界を離れることも、往生することもできません。なぜかと申しますと、欣求する清浄佛国土と、その国土の主人公が明確に定まっていないからであります。私たちはたとえ、往生を願う清浄佛国土の主人公・阿弥陀佛の現に在ますことをしかと信知していませんが、幸い、阿弥陀佛の浄土に生まれることを願い、阿弥陀佛のみ名をとなえたならば、必ず往生できると思いとって念佛していますから、往生できないことは毛頭ありません。宗祖上人が、「たゞ本願の称名を念々相続せんちからによりてぞ、往生は遂べきとおもふ時、他力本願に乗」じて、往生の素懐を遂げることができる、と仰せられているとおりであります。

この第四科の第二段には「本願に乗する事ハ、たゝ信心のふかきによるへし」と記されてあります。「信心」は、佛と人とのかかわりを主とする佛教の世界だけではなく、人と人とのかかわりに基づく世俗の世界にあっても、きわめて大切なこころ根であり、終始一貫さるべき最も基本的な心情であります。昨今の政界、財界、業界などに繰り広げられた一連の一大不祥事が報道されるごとに、その日その日を妻子眷属のために、小社会のために精一杯汗を流しながら生きている名もない庶民の怒りを爆発させ、大いに不信感をつのらせるばかりであります。信頼関係を失うことは、まことに恐ろしいことであり、人の心に宿るどろどろとしたにごり、飽くことを知らない貪欲心のはたらきを見せつけられ、憎悪のおもいをいっそうかりたてます。しかしよく考えてみますと、人様に不信感をいだかせるような行いを、あえてするのは他人様だけではなく、私の内にもそのような心のはたらきを宿していることに気づかされます。ただその心のはたらきを止めることができずに溺れた人を攻めるよりも、人間の性に翻弄されたか弱い可哀相な人だ、と哀れみの情すらわいてまいります。

そのことはともかくとして、八宗の祖として仰がれる竜樹菩薩は、

佛法の大海には信を能入となし。（中略） もし信なければ、この人は佛法に入ること

あたわず。

と、『大智度論』巻第一にお示しになっているように、佛教の基本を信として捉えていられます。しかも宗祖上人が終生「ひとえに善導一師による」と鑽仰し、敬慕された善導大師は、その妙釈『観経疏』散善義のなかで「人につきて信を立つ」、「行について信を立つ」と仰せになって、信の大切なことを懇切にお説き下さっています。このなか「行について信を立つ」ことの眼目は、阿弥陀佛のみ名をひたすらおとなえすれば、必ず往生極楽の素懐を遂げることができる、と確信することであります。また「人につきて信を立つ」ことの肝要は、

決定して深く信ず。かの阿弥陀佛、四十八願をもて衆生を摂取したもう。疑いなく慮《うらおも》いなく、かの願力に乗じて定んで往生を得と。

とお示し下さっているのが、それであります。このご文はご承知のように『観無量寿経』に示されている至誠心、深心、廻向発願心という三心、お念佛をする上での三種の「心遣いの有様」の第二深心について、大師が「深心というは　すなわち深く信ずるの心なり。また二種あり」として信機と信法をお示し下さったなかの信法についてのご文であります。

さて、この『一紙小消息』の第四科に示されている「本願に乗する事ハ」という「本願」は、善導大師が「散善義」に示されている「阿弥陀佛、四十八願をもて衆生を摂取したもう」という四十八願を指し、さらに「乗する」は、「かの願力に乗して」の乗であることは申すまでもありません。

阿弥陀佛は、すべての人を漏れなく救うという宏大な救済意志を実現するために、五劫という長いながい星霜をかけて四十八とおりの誓願をたてられ、しかもその誓願とおりのはたらきができるように、兆載永劫という久しい年月にわたって修行をつまれた結果、遂に誓願どおりのはたらきを今現にされているのであります。阿弥陀佛が法蔵菩薩に在ました時に、お誓いになった本願はもはや、本願成就の阿弥陀佛の本願力となって、私たち念佛する者の上に、絶え間なくはたらきかけているのであります。善導大師が「かの阿弥陀佛、四十八願をもて衆生を摂受したもう」とは、まさにこの点についてのことであります。

阿弥陀佛のこの四十八とおりの願力の大半は、私たちが極楽に往生してのちに頂戴する救いのはたらきでありますから、何といっても、まず、極楽に往生するということがなければ、せっかくのご利益もいただけないことになります。たとえ私のように、人間の性に翻弄されているものであっても、阿弥陀佛の仰せのとおりみ名をおとなえすれば、極楽にお迎え下さるのが四十八願中の第十八願成就力なのであります。したがって私たちは、この第十八念佛往生の願とおりにみ名をとなえれば、必ず極楽に迎えとっていただけると思いこんで、その本願力に「おすがり」して、お念佛を絶え間なく申せばよいのであります。「おすがりする」という心的姿勢には、「信心のふかきによるへし」といわれるように、阿弥陀佛の本願力に対する「信心」を必要とすることは当然であります。善導大師が「散善義」のなかで、「疑いなく、慮いなく」と仰せになっている二つの否定は、実にこの「信心」にかかわることなのです。

この「散善義」に示される「疑」は信の対語であります。さらに「慮」は「おもんぱかる」、「おもいはかる」、「思慮」のことでありますし、「うらおもい」（「うら」は「こころ」の意）とよむ場合は、心の中であれこれと思いめぐらすこと、思い迷うことであります。したがって「疑」も、「慮」もともに人間のはからいであり、本願力におすがりする根底として欠くことのできない「信心」に対して、障害のはたらきをいたしますから、「疑いなく」、「慮いなく」といわれるわけであります。はじめから信心の催すままに「おすがりする」人は稀であります。阿弥陀佛のみ名をとなえながら、どうぞこの私を極楽にお迎え下さいと心をこめて、阿弥陀佛のみ名をおとなえするそのことが、「おすがりする」ことでありますから、お念佛さえ継続していますと、おのずから疑いの心は退治され、しだいに信心を深めることになります。要は、お念佛の継続なのであります。

往生浄土の機縁の熟するを悦ぶ（第五科）

――おかげを生きる――

人は誰でも、自分ひとりで生きているのでは決してありません。精神的・物質的に、あるいは直接・間接に、目にみえたり・みられなかったりという違いがあっても、自分以外のものによって支えられ・生かされながら生きるよりほかに、生きようがないのでありま す。人はまさに、偉大なるものによって支えられ、おかげをいただいて生きているのであります。

「南無阿弥陀佛」とみ名をとなえて、心霊のみ親に在ます阿弥陀佛のみもとに迎えられ、往生させていただくという確信を得て、感謝のおもいにかられながら、お念佛を悦ぶことのできるのもまた、あらゆるご縁・おかげのたまものである、というほかありません。

この第五科の内容は、そういったおかげ・ご縁をいただくことによってこそ、得難い往生浄土の素懐を遂げることができるというお膳だてがすでにできていることを悦び、それに伴って、ありがたい・もったいないことであるという感謝のおもいを持つべきことを表明しています。

〔第一〕 うけかたき人身をうけて	人の身として、この世に生を享けることは容易でありません。
〔第二〕 あひかたき本願にあひて	すべての人を、漏らすことなくお救い下さる阿弥陀佛の本願にめぐりあうことは容易でありません。
〔第三〕 おこしかたき道心をおこして	むさぼりと、怒りと、愚かという人間の性に基づく行いに別れを告げ、あらゆる人を真実の彼岸に導きたい、という心をおこすことは容易でありません。
〔第四〕 はなれかたき輪廻の	苦悩を際限なく繰りひろげる生き死にの世界を、はなれること

さとをはなれ 〔第五〕 むまれかたき浄土に 往生せん事ハ　よろ こひのなかのよろこ ひ也。	は容易でありません。 阿弥陀佛の浄土に往生することは容易でありません。とげ難い往生をとげることができるという確信を持つ悦びに過ぎる悦びは、いったいどこにありましょうか。

往生浄土の素懐を遂げることは、一筋縄のよくするところではありません。まず第一には、この世に人の身を享けることがなければなりません。宗祖法然上人は、『十二箇条問答』のなかで、問答を設けてその第八に、

問ていはく。つねに念佛の行者は、いかやうにか、おもひ候べきや。

答。（中略）人身のうけかたきことはりをおもひて、このたびむなしくやまん事をかなしめ。六道をめぐるに人身をうる事は、梵天より糸をくだして、大海のそこなる針のあなをとをさんが如しといへり。

（『和語燈録』巻第四所収）

と仰せになっているのは、この世に人の身を享けたことを、六道輪廻という迷いの世界か

ら離れることのできるご縁をいただいた、と受けとめるべきであるというお言葉でありま
す。

私たちは、自分自身が身と口と心の上に行った、さまざまなその行いの結果として、今現に地獄、餓鬼、畜生、阿修羅、人、天という六道の迷いの世界をさまよっているのでありますこのことは、私自身のよく知るところではありませんが、智慧の眼をひらいたならば、わかることとなのであります。宗祖上人はお念佛によって、すでに智慧の眼をおひらきになっておられればこそ、私たちに対して、人の身を享けた意義について語りかけて下さっているのであります。

ひとたび人の身を享けたからには、この一生涯において六道輪廻を離れることに、生き甲斐を見出すべきであります。なぜかと申しますと、六道輪廻から離れることは、ただ人の身にしてよくなし得るからであります。せっかくこの世に人の身を享けたからには、輪廻を離れるご縁をいただいたと受けとめ、自分自身は輪廻を離れるべき法器なのだ、ということを自覚すべきであります。いやしくも、尊いご縁をいただきながら、さらに輪廻を繰り返す種をまかないようにいたしましょう、というのが宗祖上人のみ心なのであります。

この私はたとえ、輪廻を離るべき法器、輪廻を離れるご縁をいただいた身であっても、

それを達成・実現する教えに値い、道を得なければ、とうてい輪廻の里を離れることは不可能であります。宗祖上人は『要義問答』のなかに、

うけがたき人界に生をうけて、あひがたき佛教にあふ。（『和語燈録』巻第三所収）

と仰せになり、また『熊谷入道へつかはす御返事』のなかに、

うけがたき人身すでにうけたり。あひがたき念佛往生の法門にあひたり。（『和語燈録』巻第四所収）

と記されています。さらに『十二箇条問答』には、

ある時は佛の本願をおもひて、必ず迎え給へと申せ。（『和語燈録』巻第四所収）

と仰せになっています。

むさぼりと、怒り・腹だちと、道理にくらいという愚か、これら人間の性《さが》の命ずるままの生活を繰り広げている私でありますが、善導大師がお示し下さいましたように、貪瞋煩悩のただなかから、往生を願うという清浄な心が、どこからともなくおこるのであります。まことに理屈では解せない、不思議なはたらきであります。この、往生を願うという清浄な心こそ、輪廻を離れようとする心であります。しかもその心には、教え主釈迦牟尼世尊による西方極楽浄土を目指して往け往けというみ教えと、西方極楽浄土からの阿弥陀佛の

呼びかけのみ声とに支えられてこそ、輪廻を離れるご縁は整うのであります。

おぼろげながら往生を願う心を内に催して、外からは釈迦・弥陀二尊の憐れみを頂戴したといたしましても、輪廻の里をふり切ろうとする力は、決して旺盛ではありません。宗祖上人は『十二箇条問答』のなかで、

ただ極楽のねがはしくもなく、念佛の申されざらん事のみこそ、往生のさはりにてはあるべけれ。

（『和語燈録』巻第四所収）

と仰せになっています。せっかく自分自身の内と外に、輪廻を離れるご縁が整いましても、実際に輪廻を離れることは、並大抵のことではないのであります。釈迦・弥陀二尊の憐れみをそのままいただいてお念佛を申すのでなければ、輪廻を断ち切ることはできないのであります。

宗祖上人は『七箇条起請文』のなかで、

すべてわれらが輪廻生死のふるまひは　たゞ貪瞋癡の煩悩の絆《きずな》によりてなり。

（『和語燈録』巻第二所収）

と仰せになっています。そのように、人が生まれながらにして備えた煩悩という人間の性

は、せっかく自分自身の内と外とに整うた、輪廻を離れるご縁を無にしてしまうのです。「離れがたき輪廻の里をはなれる」という所以は、ここにあるのであります。宗祖上人はそのようなことを踏まえて、『十二箇条問答』のなかで、

あるときは世間の無常なる事をおもひて、この世のいくほどなき事を知れ。（中略）ある時はあひがたき佛法にあへり。このたび出離の業うけずば、いつをか期すべきとおもふべき也。

（『和語燈録』巻第四所収）

と仰せになっているように、自分自身はまさに輪廻を離るべき法器であること、今生において輪廻を離れる道を歩まなければ、輪廻を離れるご縁・機会にいつめぐり会えるかわからないことを、自分自身によくよく言い聞かせて、輪廻の里を離れる努力をすべきであります。

せっかくいただいた輪廻を離れるご縁は、なんとしてでも実らせたいと願わずにいられません。宗祖上人は『熊谷入道へつかはす御返事』のなかで、

裟婆をいとふ心あり。極楽をねがふ心をこしたり。弥陀の本願ふかくして往生はたなごころにある也。ゆめゆめ御念佛をこたらず、決定往生のよしを存ぜさせ給ふべく候。

（『和語燈録』巻第四所収）

と仰せになっていますように、お念佛の一筋道を歩んで、決定往生の心を自身の内に確立すべきであります。

このたび計らずも人身を享けることができ、あまつさえ、二尊の憐れみをいただいてお念佛をするというこの上ない勝れたご縁を結ぶことができて、往生浄土の素懐を遂げることができる確信を持つにいたったことを、いかほど悦んでも、これに過ぎる悦びはありません。

決定往生信の上における行いと念佛（第六科）

――機と行とに対する信心――

この第六科は、いろいろなご縁、おかげをいただくことによって、往生極楽の素懐をとげることができるという確信を披瀝した第五科の内容を踏まえ、念佛者の信後における問題をとりあげています。

どのような人であろうと、ひとたび、阿弥陀佛の本願成就のお力をいただいて救われるのだ、という決定往生の信をそなえたならば、日常生活における行動をいかになすべきであろうか、という問いかけに答えるのが第一段であります。さらにまた、いかなる人であろうと、阿弥陀佛によって往生極楽の業と定められた称名念佛によって往生できるのであろうか、という決定往生の信をそなえたからには、それ以後、お念佛をどのように進めるべきであろうか、という問いかけに答えるのが第二段であります。

〔第一段〕

つみをハ十悪五逆のものなをむまると信して　小罪をもおかさしとおもふへし。罪人なをむまる　いかにいはんや善人をや。

〔第二段〕

行ハ一念十念むなしからすと信して無間に修すへし。

たとえ十悪・五逆を犯した罪ひとであっても、阿弥陀佛はあわれみの心をもて救いの手をさしのべ、極楽にお迎え下さると、かたく信ずれば信ずるほどに、お慈悲をありがたくいただくことができますから、少しでも罪を造らないようにしなければならない、という思いが湧いてきます。罪をかさねた人が極楽に迎えられるのですから、少しでも罪をつくらず、お慈悲のみ心にかなうことを心がけた人は、極楽に迎えられない、ということがありましょうか。決してそのようなはずはありません。

たとえ一声、十声、南無阿弥陀佛とみ名をおとなえするだけでも往生できると、かたく信ずれば信ずるほどに、まことにありがたい・勿体ない極みであるといただくことができますから、いきおい、お念佛を絶やさず続け、阿弥陀佛と離ればなれにならないようにしたい、という思いが湧いてきます。

一念なをむまる　いかにいはんや多念をや。	ただ一声、南無阿弥陀佛とみ名をおとなえするだけでも、往生できるのですから、絶やすことなくお念仏を続け、心に阿弥陀佛をお宿しすることに努めた人が、往生できないということはありましょうか。決してそのようなことはありません。

このなか、第一段に「つミをハ十悪五逆のものなをむまる」と記されてありますのは、極楽に迎えられる人、つまり往生の機に関するお示しであります。とくに「十悪五逆」という罪をかさねきたった最低の人を取りあげ、それ以上のいかなる人であっても往生できる、という阿弥陀佛の本願のみ心、つまり「一切衆生をして、平等に往生せしめる」聖意を、示されたのであります。このことは、すでに、

十方に浄土おほけれとも、西方をねかふハ、十悪五逆の衆生もむまるゝゆへ也。

と、第三科の第一段に示されたお言葉どおり、救い主阿弥陀佛の本願のみ心を踏まえ、その上に立って仰せられているのであります。

あらゆる人を漏らさずお救い下さる阿弥陀佛の本願の宏大無辺なみ心に、心打たれて感激のあまり感涙にむせぶならば、阿弥陀佛のみ心を痛め、悲しませないように、少しでも

み心を安んじ、よろこんでいただけることをしたいという思いが、おのずから湧いてまいります。「小罪をもおかさし」というのは、そういった心のあらわれにほかなりません。

私たちの毎日の営みのすべては、貪・瞋・癡という人間の性の命ずるままの行いですから、罪をつくらないということは、とうていあり得ないわけであります。たとえ決意どおりに実行ができなくても、「小罪をもおかさし」という決意・意気ごみは、まことに尊いことです。少しでも罪をつくらないということは、阿弥陀佛のみ心を安んじ、聖意にかなうことですが、そのことは、お念佛を申すことによって、おのずから実現されるのです。宗祖上人は『一百四十五箇条問答』のなかの第七答において、

たゞ心を一にして、よく御念佛をせさせ給ひ候はゞ、そのつみ滅して、往生せさせ給ふべき也。

(『和語燈録』巻第五所収)

と仰せになっています。

このお言葉どおり、お念佛には滅罪という偉大なはたらきが、お念佛をする人の上に作用するのであります。滅罪と申しますと、自分がすでに行った罪が、あたかも積もっていた雪が、太陽のひかりを浴びて自然にとけるように、お念佛すれば消えてなくなるのだと、思いこんでいられるようですが、実際はそうでないのです。お念佛を申していますと、罪

をつくれなくなるのです。つまり、罪をつくる行いをさせる諸悪の根源である煩悩という人間の性が、はたらかないようになるのであります。したがって「小罪をもおかさしとおもふへし」ということは、決してとるに足りない自分の力で、悪を止め善を修するのではありません。このへんの消息をしかと心得ておかないと、とんだ誤解に陥ることになります。

宗祖上人は『念佛往生義』のなかに、

念佛して往生するに不足なしといひて、悪業をもはゞからず、行ずべき慈悲をも行ぜず。念佛をもはげまさざらん事は、佛教のおきてに相違する也。たとへば父母の慈悲は、よき子も、あしき子をもはぐゝめども、よき子をばよろこび、あしき子をばなげくがごとし。佛は一切衆生をあはれみて、よきをも、あしきをもわたし給へども、善人を見てはよろこび、悪人を見てはかなしみ給へる也。よき地によき種をまかんがごとし。かまへて善人にして、しかも念佛を修すべし。これを真実に佛教にしたがふ物といふ也。

（『拾遺和語燈録』巻下所収）

と仰せられています。

いかなる人であろうと、善人・悪人の区別なく、阿弥陀佛の本願成就のお力がはたらくことによって救われるという確信、決定往生の信をかためた人でありますならば、阿弥陀佛がおよろこびになる行いをしようと決意しても、阿弥陀佛が「かなしみ給」う行いを、あえて行うことは決してできないはずであります。阿弥陀佛がおよろこびになる善い行いをしようとすることは、み心にかなうことは申すまでもありません。この本願のみ心にかなう最高の行いとは、お念佛を申す以外になにもありません。

この第六科第一段の「罪人なをむまる、いかにいはんや善人をや」というお言葉のなかの「罪人」と「善人」とを、どのように理解すべきでありましょうか。阿弥陀「佛は一切衆生をあはれみて、よきをも、あしきをもわたし給」うというお言葉と関係させて考えてみますと、「あしき」人は「罪人」であり、「よき」人は「善人」であると、受けとっても大過なしと思われます。阿弥陀佛にとっては、「あしき」人・「罪人」も、「よき」人・「善人」もともに救いの対象なのであります。つまり極楽に迎えるべき、かけ替えのない愛し子なのです。したがって阿弥陀佛は「罪人」も「善人」も区別されず平等に、迷いのこの岸から、阿弥陀佛のお膝もとである彼の岸・極楽に「わたし」（渡し）て下さるのであります。しかし「善人を見てはよろこび、悪人を見てはかなしみ給」うのであります。

さて、罪をかさねて犯すという人間として最低の人をもお救い下さるのであるから、罪をつくらない善人の救われるのは、至極当然のことである、と受けとるべきなのでしょうか。もしそうだといたしますと、「罪人」と「善人」の概念をはっきりさせておく必要があります。

このなか「罪人」は申すまでもなく十悪・五逆を犯した人であります。この人は阿弥陀佛の在ますことも、摂益の大利についても知らないまま、ただ煩悩の命ずるままに罪をかさねた人であります。これに対して、「小罪をもおかさし」と阿弥陀佛の本願のみ心にかなうことを決意し、お念佛にはげむ人こそ「善人」と考えてよいでありましょう。したがって「善人」は、阿弥陀佛の本願の宏大無辺なお慈悲に感涙した人であります。「罪人」と「善人」とには阿弥陀佛とかかわりを持つか、持たないか、という相違のあることを忘れてはなりません。また、「罪人」が救われるのは、もちろんお念佛を申したからであります。この人は生涯を罪をかさねていましたが、命終のときに臨んで、善知識の勧めるままに十声、一声のみ名をとなえた人であります。これに対して「善人」は、命終以前すでにお念佛に縁を結ぶことができて、念佛生活を送っている人であります。したがって、「罪人」は臨終の機、「善人」は尋常の機というように、お念佛に縁を結ぶ時節に相異のあることも見逃すことができません。

「罪人」がお念佛をすることによって救われるからには、罪をつくらない「善人」が救われるのは当然であるという考えは、果たして当を得ているのでしょうか。疑問でなりません。「罪人」が命終にあたってお念佛を申して救われるのは当然であります。しかるに「善人」が「小罪をもおかさし」と決意して、お念佛に励んでいますと、こともあろうに決意に反し、決意どおりにならないことに気づかされるのです。「小罪をもおかさし」とお念佛に励めばはげむほどに、自分は罪を犯さなければ生きていけない罪人であることを痛感させられるのです。つまり、私は煩悩を具足し、罪をかさねながら生き死にする凡夫・ただ人である、と内省をかさねます。「小罪をもおかさし」と決意し、阿弥陀佛のみ心にそわんとする方向と、罪をかさねなければ生きられない自分であるという方向とが、お念佛を軸として円環的に深まってゆくのです。

ともかく、罪人は世俗の生活を送っている間に、世俗的な諸悪（十悪）、あるいは宗教にかかわる諸悪（五逆）を犯した人であるのに対して、善人はお念佛を相続しながら、罪を造らずには生きていけない自分であることに気づいた人であります。だからこそ、この善人は「小罪をもおかさしとおも」いを、かためるに至ったのであります。

人間の世界にあっては、罪人であるとか、善人であるとか色わけしますが、阿弥陀佛のみ心から申しますと、罪人も善人もともに、救うべき愛し子でありますから、故意に罪人を遠ざけられたり、善人に近づかれるなどということは毛頭ありません。とくに、すべての人を救うことをみ心とし、根本願望とされる阿弥陀佛でありますから、あわれみ・慈しみの心をもって罪人に向かい、親しく打ちとけたおもいをもって善人に接せられることでありましょう。

この第一段は、罪人であるとか、善人であるとかというように色わけされる人（機）が、阿弥陀佛のお救いをいただく上で、一番大切な基本条件ともいうべき、信についての内容が語られているのです。自分は罪を重ね犯した罪人であるから、裁かれることがあっても、救われようのない人間であるから、とうてい救われることのない人間であるという危惧のおもい、あるいは、自分はお念佛を相続している善人であるから、救われて当然であるという思いあがり、このような心をすべて打ち捨てて、阿弥陀佛は罪人も、善人も一律平等に救いのみ手をさしのべて、必ずお救い下さるという強固な信を確立せよ、とさとされているのであります。

この第一段は、「罪人なをむまる、いかにいはんや善人をや」というお言葉をもって結んでいられます。この結句のみ心は、十悪五逆の罪を造った悪人でも救われるのであるから、悪を犯さず、お念佛を相続している善人が救われるのは当然であって、絶対に救われないことはない、ということを内容としているのでありましょうか。

考えてみますと、この善人はお念佛の相続を通して、阿弥陀佛の光明に照らしだされた自分自身こそ罪悪を犯さなければ生きていけない人間であることに気づかされて、内面的な罪悪意識を持つようになった人です。したがって、自分はお念佛を相続している善人であるという、思いあがった意識よりも、むしろ私は、お念佛を相続しているにも拘らず、なお罪悪を犯し続けなければならない人間であるから、罪人と呼ばれる人と少しも変わらない人間である、という自己嫌悪のおもいにかられるのです。だから罪人が救われるのと同じように、私もお救いをいただけると信ずることが、第一段の結句の内容ではないでしょうか。罪人、善人という表現の表層に惑わされることなく、お念佛を相続する善人の信仰内容の実際を捉えるならば、罪人も善人もともに造罪人であり、ともに凡夫として阿弥陀佛のお救いを待つしかないことを、固く信じなければなりません。

次に第二段は、第一段において善人・悪人の区別なく、人はすべて阿弥陀佛の本願におすがりするならば、必ず、往生できる器（機）である、と固く信ぜよとのお示しであったのに対して、阿弥陀佛が選択し給うた本願の称名念佛は、往生するための決定した行業（行）である、と固く信ぜよとのお示しであります。

したがって、この機と行とについて固く信ぜよとのお示しは、かの第四科の第二段に、

本願に乗する事ハ、たゞ信心のふかきによるへし。

とお示し下さっているところの信について、さらに具体的にお示し下さった内容であります。

この第六科の第一段と第二段は、往生できるという確信を、機と行とのそれぞれの上にそなえるべきことをお示しになっていますから、両者は深くかかわっていることは申すまでもありません。具体的に申しますと、第二段の「行は一念十念むなしからすと信して」とのお示しは、第一段の「十悪五逆のもの」が、何を実践すれば往生できるのか、という問いに対する解答であります。また、第二段の「無間に修すへし」とのお示しは、第一段の「小罪をもおかさし」という決意が、何を実践することによっておこってくるのか、という問いに対する解答であります。また、第一段に「いかにいはんや善人をや」とのお示

しに対して、何を実践すれば往生できるか、という問いに答えるのが「多念をや」というお示しであります。

宗祖上人はこのように、五逆という重罪と十悪という小罪をかねて犯した罪人に対して「無間に修すへし」と多念をお示しになり、「小罪をもおかさし」と決意する善人に対して「一念十念」の称名行をお示しになっています。私たちは計量によってものを比較し、分別することにならされていますから、罪人に多念を、善人に一念十念をお示しになるのであれば納得できます。しかるにお示しが逆であるとあっては、首をかしげざるを得ないのであります。

一口に罪人・善人と申しますが、罪人は臨終の夕を迎えてやっとお念佛にご縁を結ぶ人でありますから、どうにか一念十念のお念佛をすることができましても、とうてい多念のお念佛は実行不可能なのです。だから罪人には「一念十念むなしからす」とお示しになったのであります。また、善人はお念佛を申し始めてから臨終を迎えるまで、なにがしかの年月がありますから、多念を勧められ、お念仏を相続して無間であれ、とお示し下さっているのであります。このように実際に即して機と行とのかかわりを考えますならば、決して矛盾したことではないのであります。それにも増して大切なことは、第一段と第二段にお示し下さった宗祖上人のみ心であります。

第一段では善人・悪人のいかんを問うことなく、人はすべて阿弥陀佛のお救いをいただいて往生できるのだ、と固く信ずることが上人のみ心です。つまり、そのように受けとめ、心得よというのであります。上人はこのことをすべての人に徹底させるために、計量をこととし、思慮分別に明け暮れる世俗世界のならいに基づいて、「十悪五逆」を犯した罪人ですら、お救いにあずかることができるのであるから、善人をお救い下さらないことは毛頭ないと信ぜよとお示し下さったのであります。強いて申しますならば、罪人も善人もみな等しく凡夫なのでありますから、罪人・善人の区別なく誰しも「平等往生」できるとおもいとることが肝要であります。

第二段では一念十念、あるいは多念というように、お念佛の数量をお示しになっています。しかしその数量にかかわりなく、阿弥陀佛は私たちをお浄土にお迎え下さるために、とくに称名の念佛を決定往生の行業としてご指定になったのですから、この称名の念佛さえ実践するならば、必ず往生できるのだ、往生の行は称名の念佛以外に何もないのだと、固く信ずることが上人のみ心であります。一念十念、多念というようにお念佛の数量をお示しになっているのは、人がお念佛にご縁をいただく時がまちまちで一定していませんから、それぞれの人によっておとなえするお念佛の数量もまた、まちまちであることに基づいているのです。そういった点で、お念佛の数量にこだわってはなりません。要は、お救いにあずかるには称名の念佛以外に何もないのだ、とおもいとることに尽きるわけであります。

この第二段のお示しは、往生の決定業としての称名の念佛に対する信と、その信の上に立って称名の念佛をどのように実践すべきであるか、という二点を内容としています。宗祖上人が上洛した遠江国蓮華寺の住僧である禅勝房にお示しになった、

信をば一念にむまるととりて、行をば一形にはげむべし。

(『和語燈録』巻第四所収)

というお言葉と、この第二段の趣旨とは同じであります。このなか、前半の「行ハ一念十念むなしからす」というお示しは、第二科第一段の「行すくなしとてもうたかふへからす、一念十念たりぬへし」というお言葉とは同じ内容であります。いうところの「一念十念」の念は声でもありますから、一声一念の称名念佛によって往生の大益が約束されているのです。このことは上人が『禅勝房にしめすお詞』のなかに、

阿弥陀佛は、一念に一度の往生をあてをき給へる願なれば、念々ごとに往生の業とな

る也。

（『和語燈録』巻第四所収）

と仰せになっているとおりであります。

このように「一念に一度の往生をあてをき給へる願」を成就された阿弥陀佛は、私たちに向かって、遙か遠いとおい昔から今に至るまで、「わが名をとなえよ。しからばわが膝もとに迎えとるぞよ」と、呼び続けられているのであります。私たちはその呼びかけを素直に受けとめ、「一念に一度の往生」が約束されていると固く信じなければなりません。そのように称名の念佛には「一念に一度の往生」が約束されているのであれば、一声一念で事足るにも拘らず、なぜ「無間に修すべし」とか、「多念をや」とお示しになっているのでしょうか。

この問いかけにつきましては、信と行との相互関係という立場、さらには称名の念佛を実践する機という立場に立って、総合的に考える必要があると存じます。宗祖上人のご遺文のなかに、禅勝房の問いに答えられた上人のお言葉、いわゆる『十二問答』が遺されています。その第八問答に、

問曰。礼讃の深心の中には、十声一声必得往生、乃至一念無有疑心と釈し給へり。又疏の深心の中には念々不捨者、是名正定之業と釈し給へり。いづれかわが分には、お

もひさだめ候べき。
答。十声一声の釈は念佛を信ずる様。念々不捨者の釈は、念佛を行ずる様也。かるがゆへに信をば一念にむまるととりて、行をば一形にはげむべしとすゝめ給へる釈也。

（『和語燈録』巻第四所収）

と示されています。

この問答は、今の問いかけに対して、信と行との関係を考える上に、大変参考となる内容を持っています。世俗の世界にあっても、聞いて信じたことを聞き及んだ通りに実行しなければ、聞いたことが無駄になると申しています。

救い主、教え主、証《あかし》の主の聖意（第七科）

――大いなる導きを受けた悦び――

この第七科は、救い主である阿弥陀佛の本願成就のはたらきと、教え主である釈迦牟尼佛の出世の本懐としてのみ教え、さらに証《あかし》の主としての六方の国土に在ます佛様方が称揚し、お勧め下さるすべては、いたらない愚かな私たちをして、往生浄土せしめようとなさる、あたたかいみ心のあらわれであると頂戴した深い感銘と悦びにみたされたおもいが綴られています。

この第七科は、次に示しますように三段にわけることができます。

〔第一段〕 阿弥陀佛は不取正覚の詞成就して　現にかのくにゝましませ	阿弥陀佛は、その昔、法蔵という比丘であられた時、たてられた四十八とおりの誓願を、すでにすべて成就達成され、佛となられて、極楽国土に在ますからには、お念佛をとなえる私のい

ハ　さためていのち
おはらん時にハ来迎
し給ハんすらん。

のちがおわる時、必ず自らお迎えに来て下さることは、間違い
ありません。

〔第二段〕

釈尊はよきかなや
わかおしへにしたか
ひて生死をはなれん
とすと知見し給ふら
ん。

阿弥陀佛の本願のみ心をご自身のみ心とされる釈尊は、有難い
ことに阿弥陀佛のみ名をとなえるならば、必ず極楽に往生でき
る、という私の教え、勧めにしたがって、生死の煩いを離れな
さい、と仰せ下さいました。

〔第三段〕

六方諸佛ハよろこハ
しきかな　われらか
証誠を信して不退の
浄土に往生せんとす
とよろこひ給ふらん

阿弥陀佛を称揚される六方の国土に在ますみ佛様は、このよう
な有難いことはないぞよと、口を揃えて、「念佛往生間違いなし」
と仰せ下さった、その証《あかし》を信じて、不退転の人となることの約
束されている浄土に往生しようと願っていることは、誠にめで
たいことであると、お悦び下さっています。

と。

ご承知のように、浄土宗のよりどころとする経典は、曹魏の時代に康僧鎧によって訳された『無量寿経』二巻、劉宋の時代に畺良耶舎によって訳された『観無量寿経』および姚秦時代に鳩摩羅什によって訳された『阿弥陀経』各一巻であります。宗祖上人はその主著『選擇本願念佛集』のなかで、これらの三部四巻の経典を「浄土三部経」と名づけられ、その第三　念佛往生本願篇、第四　三輩念佛往生篇、第五　念佛利益篇、第六　末法万年特留念佛篇の四章を費やして『無量寿経』の内容をとりあげ、第七　光明唯摂念佛行者篇、第八　三心篇、第十　化佛讃嘆篇、第十一　約対雑善讃嘆念佛篇、第十二　付属佛名篇の五章にわたって『観無量寿経』の内容をとりあげ、第十三　念佛多善根篇、第十四　六方諸佛唯証誠念佛篇、第十五　六方諸佛護念、第十六　以弥陀名号付属舎利弗篇の四章をとおして『阿弥陀経』の内容をとりあげられています。

続いて宗祖上人は、『選擇本願念佛集』終章私釈段の冒頭において、

私にいわく、およそ三経の意を案ずるに、諸行のなかに念佛を選択して、もって旨帰となす。

と述べられ、八種選択の義を開陳されています。いうところの八種選択とは、㈠阿弥陀佛による選択として、選択本願（第三章）、選択摂取（第七章）、選択我名（『般舟三昧経』）、選択化讃（第十章）の四選択、㈡釈迦の選択として選択讃嘆（第五章）、選択留教（第六章）、選択付属（第十二章）の三選択、㈢六方諸佛の選択として選択証誠（第十四章）の一選択であり、それらを総括されて、

しかればすなわち、釈迦弥陀および十方のおのおの恒沙等の諸佛、同心に念佛の一行を選択し給う。余行はしからず。故に知りぬ。三経ともに念佛を選んで、もって宗致とするのみ。

と結んでいられます。

つまり、「浄土三部経」に説かれているそのみ心であり、帰するところは、速やかに生死の煩いを離れるための数多い行のなかから、とくに念佛の一行を選びとって、往生の行業とするにあるのだ、との仰せであります。そのことを具体的にお示し下さったのが、八種選択であり、阿弥陀佛の本願、釈迦の出世の本懐、六方諸佛の証誠し給うところ、すべて念佛の一行を往生浄土の行業として選択するという一点こそ、この三佛のみ心なのでありす。この三佛のみ心は、私たちを一人漏れなく、阿弥陀佛のお浄土に迎えとり、救済す

るという点で「同心」であり、一致しているわけであります。

宗祖上人はこの八種選択をお示しになった直後に三重の選択をお示しになっています。それは、速やかに生死の煩いを離れるために、聖浄二門のなかからしばらく浄土の一門を選びとり、正雑二行のなかからしばらく正行の一行を選びとり、さらに助業をかたわらとして正定業を専らにする、という三重の選択で、往生浄土の行を求める「私たちの選び」であります。これにさきだってお示しになった八種の選択は、三佛が同心となって往生浄土の行を選択されたのでありますから、まさに「佛の側における選び」であります。この第七科の内容は、八種選択、三佛、三経の心を踏まえてのお示しであります。

この第七科の第一段は、すべての人を漏れなく救済できなかったなれば私は佛となりますまい、との誓いをすでに成就達成された阿弥陀佛であるから、お念佛をする私の命終の時に必ず来迎して、お浄土におつれ下さること間違いなし、と悦び感謝のおもいを深くする心情が語られています。宗祖上人は、『示或人詞』のなかで、善導大師による第十八願についての四十八字からなる妙釈を引用され、続いて、

この文をつねに、くちにもとなへ、心にもうかべ、眼にもあてゝ、弥陀の本願を決定

成就して、極楽世界を荘厳したてゝ、御目を見まはして、わが名をとなふる人やあると御らんじ、御みゝをかたふけて、わが名を称する物やあると、よるひるきこしめさるゝ也。

されば一称も一念も、阿弥陀佛にしられまいらせずといふ事なし。されば摂取の光明はわが身をすて給ふ事なく、臨終の来迎はむなしき事なき也。この文は四十八願のまなこ也。肝なり。神《たましい》也。四十八字にむすびたる事は、このゆゑ也。

（『拾遺和語燈録』巻中所収）

と仰せになっています。このように念佛者が臨終に阿弥陀佛の来迎をいただくことは、本願成就のたまものであることを強調されています。

阿弥陀佛の四十八とおりの本願成就のはたらきは、すべて私たちを救済下さらないものは、何一つとしてありません。しかし本願成就のはたらきは、私たちがいのち終わってのちにお浄土でいただく得益と、それ以前にこの穢土にあって受ける得益とに大別することができます。宗祖上人は『三部経釈』の上で、この穢土にあって私たちが直接いただく本願成就のはたらきとして、まずはじめに第十八念佛往生の願などをあげていられます。

「わが名をとなえよ」という第十八念佛往生の願は、「本願中の王である」と『選択本願念佛集』の上に述べられていますが、私たちにとってこの第十八願に基づいて名号をとなえることは、往生の因となるのであります。その往生の因を助成し、往生の大益を完うさせる縁のはたらきをするものとして光明無量、寿命無量、諸佛称揚と臨終来迎の四願をあげられ、

弥陀善逝、平等の慈悲にもよほされて、十方世界にあまねく光明をてらして、一切衆生にことごとく縁をむすばしめんがために、光明無量の願をたて給へり。第十二の願これなり。名号をもて因として衆生を引摂し給ふ事を、一切衆生にあまねくきかしめんがために、第十七の願に、十方世界の無量の諸佛、ことく〳〵く咨嗟《しさ》してわが名を称せずといはゞ正覚をとらじとたて給ひて、次に十八の願に乃至十念若不生者不取正覚とたて給へり。

（『和語燈録』巻第一所収）

と仰せになり、さらにまた、第十八の「願ひさしく衆生を済度せんがために、寿命無量の願をたて給へり。第十三の願これなり」と、第十二、十三、十七の三願を第十八王本願と関係させて説いていられます。第十九の願については、

かくのごとくの因縁和合すれば、摂取の光明のなかに又化佛菩薩ましく〳〵て、この人を摂護して百重千重囲繞し給ふに、信心いよく〳〵増長し、衆苦ことく〳〵と消滅す。臨

終の時ほとけみづから来迎し給ふに、もろ〳〵の邪業繫よくさふるものなし。これは衆生いのちをはる時にのぞみて、百苦きたりせめて、身心やすき事なく、悪縁ほかにひき、妄念うちにもよをして、境界自体当生の三種の愛心きをひおこる。第六天の魔王この時にあたりて、威勢ををこして、もてさまたけをなす。

かくのごときの種々のさはりをのぞかんがために、かならず臨終の時にはみづから菩薩聖衆に囲繞せられて、その人のまへに現ぜんとちかひ給へり。第十九の願これ也。これによて臨終の時いたれは、ほとけ来迎し給ふ。行者これを見たてまつりて、心に歓喜をなして、禅定にいるがごとくして、たちまちに観音の蓮台に乗じて、安養の宝池にいたる也。

（『和語燈録』巻第一所収）

と、懇親にお示し下さっています。

このように因縁和合の上に来迎・往生をとりあげられた宗祖上人のお考えを踏まえますと、四十八願中の第三十一国土清浄、第三十二国土厳飾の二願の成就は、私たちをしてお浄土を欣慕せしめ、願生の心をおこさせる点で、称名の因に対する縁として受けとめるべきでありましょう。

この第一段は、阿弥陀佛の本願成就のはたらきが、この世の私たちの上に直接及んでいればこそ、み名をとなえるすべての人は、いのち終わる時に来迎をいただき、お浄土に迎えとられる確信と悦びをお述べになっているのです。その本願成就のはたらきを、宗祖上人のご指摘にそって具体的にお示しいたした次第です。

この第七科の第二段は、教え主である釈迦牟尼如来の出世の本懐、宗祖上人が「釈迦も世にいで給ふ心は、弥陀の本願をとかんとおぼしめす御心に候」（『津戸三郎へつかはす御返事』）と仰せになった、その称名念佛による往生の教えに導かれて称名の人となり得た、悦びをかみしめながら、教え主釈尊からいただいた大恩に感謝のまことを捧げ、み心のままに称名念佛に徹して大恩に報いたてまつりたい、と願うばかりの心情が述べられています。

言うまでもなく釈迦牟尼如来は、『阿含経』をはじめ、『般若経』、『法華経』、『涅槃経』、『華厳経』といった大乗経典にいたるまで、多くの経典を説いていられます。その数多い経典のなかに、「浄土三部経」を含んでいることは、ご承知の通りであります。それぞれの経典はすべて佛の説き給うたご説法の記録でありますから、いずれも皆ありがたく、尊い内容が示されてあります。しかし、ひとたび自分が経典を信受し、その経典に説かれている教行を文字通り実践する、という立場にたちますと、おのずからご縁の有無によって、どの経典を信受し、頂戴し、奉持するかということがはっきり決まります。私たち宗祖法然上人のお勧めをいただいて、南無阿弥陀佛とみ名をとなえ、そのお浄土にお迎えいただきたいとの願いを、成就達成して下さる阿弥陀佛の本願のみ心から申しますと、「浄土三部経」こそ、弥陀・釈迦二尊のみ心を伝える経典であり、念佛往生の教行こそ、「釈迦、出世の本懐」なのであります。つまり、釈迦牟尼如来のみ心と阿弥陀佛の本願のみ心とは一つであるということは、釈尊がこの世に人の子として誕生され、困苦六年のご修行を積み重ねられて佛となられた以上、ひとえに阿弥陀佛の本願のみ心を、世の人たちのためにお伝え下さるそのことを生き甲斐とされた、ということであります。

宗祖上人はこの辺の消息を、『津戸三郎へつかはす御返事』(九月二十八日付)のなかに、

釈迦も世にいで給ふ心は、弥陀の本願をとかんとおぼしめす御心にて候へども、衆生の機縁人にしたがひてときたまふ日は、余の種々の行をもときときたまふは、これ随機の法なり。佛の自らの御心のそこには候はず。されば念佛は、弥陀にも利生の本願、釈迦にも出世の本懐なり。余の種々の行には似ず候なり。

(『拾遺和語燈録』巻中所収)

とお述べになっています。

今、ここで留意しておく必要のあることは、もし天台宗の心から申しますと、『妙法蓮華経』こそ釈迦出世の本懐であると伝え聞いています。しかるに浄土宗という念佛往生を願う宗旨から申しますと、釈迦の出世の本懐は念佛往生を示すにあると捉えているのです。よく考えてみますと、釈迦佛の本懐に、二つも三つもあろうはずありません。宗祖上人は、

一切経はおなじく釈迦一佛の所説なれども、宗宗の所学にしたがひて、浅深勝劣不同なれば、いづれの宗の一切経といふべし。天台宗の一切経あり。華厳宗の一切経あり。乃至法相三論にも、をの〲一切経あるべし。

（『法然上人行状画図』第五巻第二段所収）

と仰せになっているように、ただそれぞれの宗旨の立場について、佛が説き給うた一切経を捉える限り、それぞれの宗旨によって釈迦佛の出世の本懐に相違があるのであります。

このように浄土宗では、釈迦が説かれた一切経のなかから、阿弥陀佛の本願に基づく念佛往生を説き示された「浄土三部経」こそ、釈迦佛の出世の本懐であると、信受するのであります。この辺のことは大変大切なことであり、自分自身が信受し、頂戴する経典の立場にたつならば、釈迦佛の説き給うたご説法の記録である「浄土三部経」こそ数多い釈迦佛の説法中、自分自身にとって一番ご縁の深い経典であり、釈迦佛ご自身にとっても出世

の本懐であるといただけるのです。「ご縁を頂く」ということは、「阿弥陀ほとけの本願は、末代のわれらがためにをこし給へる願なれば、利益いまの時に決定往生すべきなり」と宗祖上人が『念佛往生要義抄』(『和語燈録』巻二所収)のなかに仰せになっているように、自分の「器量」と教えと、それを実践する時との三者が、ぴったり一致していることを意味しているのであります。したがって「浄土三部経」以外の経典に説かれる教行は、すべて「われらが器量はこの教にをよばざるなり」と指摘されなければなりません。

宗祖上人は八種選択義のなかで、釈迦佛は阿弥陀佛の本願のみ心を、ご自身の心とされたお方であるから、阿弥陀佛のみ名をとなえる念佛に無上大利の功徳がそなわっていると讃歎し給い(選択讃歎)、「三宝滅尽の時なりといへども　一念すれば往生」(『大胡太郎実秀が妻室のもとへつかはす御返事』(『和語燈録』巻第四所収))できるように、念佛往生の教えだけを留められ(選択留教)、さらに佛入滅後のすべての人が、阿弥陀佛のみ名をとなえて往生するようにと、愛弟阿難尊者に付属し給うた(選択付属)のであります。

宗祖上人は『念佛往生義』のなかで「選択讃歎」の内容の一端を、

善根なければ、この念佛を修して無上の功徳をえんとす。余の善根おほくは、たとひ念佛せずとも、たのむかたもあるべし。しかれば善導は、わが身をば善根薄少なりと信じて、本願をたのみ念佛せよとすゝめ給へり。経に、一たび名号をとなふるに大利をうとす。すなはち無上の功徳を得ととけり。いかにいはんや、念々相続せんをや。しかれば善根なければとて、念佛往生をうたがふべからず。

（『拾遺和語燈録』巻下所収）

と、お念佛さえ申せば余の善根は不必要である、とまで念佛の大利を讃歎されています。

つまり釈迦佛は、「阿弥陀佛は、一念となふるに一度の往生にあてがひてをこし給へる本願」（『禅勝房に示す御詞』（『和語燈録』巻第四所収））を讃えて、『無量寿経』巻下の最後のところに、この「選択讃歎」に関する内容をお説きになったのです。

また、宗祖上人は『要義問答』の第九答のなかで「選択留教」の内容について、経典がこの世からなくなって、佛道を歩むすべもない経道滅尽にふれて、

その時の衆生は、三宝の名をきく事なし。もろ〳〵の聖教は竜宮にかくれて一巻もとゞまる物なし。たゞ邪悪無信のさかりなる衆生のみありて、みな悪道に落ちぬべし。弥陀の本願をもて、釈迦の大悲ふかきゆへに、この教をとゞめ給へる事百年。

（『和語燈録』巻第三所収）

と仰せになっているように、釈迦佛はご自身の入滅のあとの末法万年を過ぎて、法滅尽時の人たちのために、とくに念佛往生を説く『無量寿経』を、百年の間とどめ置く、と巻下にお示し下さったのです。

さらに『大胡太郎実秀が妻室のもとへつかはす御返事』のなかで、「選択付属」の内容について、

定散のもろ〳〵の行は、弥陀の本願にあらず。かるがゆへに釈迦如来、往生の行を付嘱し給ふに、余の定善散善をば付嘱せずして、念佛はこれ弥陀の本願なるがゆへに、まさしくえらびて本願の行を付嘱し給へる也。いま釈迦のをしへにしたがひて往生をもとめん物、付嘱の念佛を修して釈迦の御心にかなふべし。

（『和語燈録』巻第四所収）

と仰せになっています。釈迦佛は『観無量寿経』をお説きになった時、韋提希夫人の懇請をお受けになって、散り乱れる心をしずめて行う定善十三観と、散り乱れた心のまま行う散善三福とをお説きになりましたが、それは自分の本心からでないからといって、とくに最後に「無量寿佛のみ名を持《たも》てよ」とお説きになったのであります。それは釈迦佛が、阿弥陀佛の本願のみ心を、ご自身の心とされたからであります。

『阿弥陀経』を拝読いたしますと、「六方段」に入る手前のところに、「舎利弗よ、我れこの利を見るが故に、この言を説く」と、釈迦佛が説かれています。この「我れ」というのは、まぎれもなく釈迦佛のことです。「この利を見る」とは、六方段に入る手前の「我見是利　故説此言」という経説の直前に、善男子、善女子が阿弥陀佛のみ名をおとなえすること、もしは一日、ないし七日の間、一心不乱であったならば、その人の命終の時に阿弥陀佛は、あらゆる聖衆を伴って、その人の眼の前にあらわれ給うから、その人は心に顚倒という乱れなく、お浄土につれ戻していただけるという経説を、釈迦佛が実際にその来迎のありさまをご覧になった、つまり、そういう不思議な神秘的出来事を感得されたというのです。ひとたび、この有難い不思議な阿弥陀佛の来迎のはたらきに接したからには、どうしてもこの偉大なご利益を説き伝えなければならない、という使命感からすべての人たちに向かって、「この説くところを聞いたならば、願をおこして彼の国に生ぜよ」と告げられたのであります。

さらに『阿弥陀経』は、六方段を説き終わってから、「舎利弗よ、汝らは皆まさに我が語、および諸佛の説き給うところを信受すべし」と釈迦佛が説かれたのであります。釈迦佛がすでに説いたこと、および六方の諸佛が広長の舌相をだして、阿弥陀佛のみ名をとなえるすべての人は、一人漏れなく往生できるということを寸毫の間違いのない、と証誠し給うたその語を信受して、み名をとなえる人は皆、諸佛の護念をいただき、成佛にいたるまで退転しないと説かれたのであります。

このように釈迦牟尼如来は、私たちのために「浄土三部経」の随所に、念佛往生の法を説かれています。このことは、先に申しましたように、釈迦佛が阿弥陀佛の本願のみ心を、ご自身のみ心とされていますから、阿弥陀佛のみ名をとなえて往生すべきことを説き伝えられたのであります。しかもそのことを、釈迦佛はご自身の生涯における生き甲斐とされたのであります。まさに、西方極楽浄土に在ます阿弥陀佛の本願のみ心をそのまま、この地上の娑婆世界のすべての人に説き伝えられたのが、教え主である釈迦佛なのです。このことは、私たち往生を願う側から申しますならば、釈迦佛の大慈悲心のあらわれが、念佛往生の法を説くという一事に結晶したと受けとめることができます。

釈迦佛は阿弥陀佛と深くつながっていることを、宗祖上人は『一枚起請文』のなかに、「二尊のあはれみ」と仰せになり、善導大師は「釈迦はこの方より発遣し、弥陀は彼の国より来迎し給う。豈に去らざるべけんや」と、『観経疏』の玄義分のなかにご指摘になっているとおりであります。

この第七科の第三段は、証の主である六方のそれぞれに在ます数限りない佛が、疑い深く容易に信ずることのない私たちのために、阿弥陀佛のみ名を一日ないし七日の間、一心不乱にとなえたならば、必ず浄土に迎えとられることを、うそ・いつわりのない言葉である、と証誠《しょうじょう》されたことについてのお言葉であります。その証誠のおかげで称名念佛の人となり得た悦びをかみしめながら、六方の諸佛からいただいた大恩に感謝のまことを捧げると共に、いっそう称名の一行に励むことによって、大恩にむくいたいと願う心情があふれています。

宗祖法然上人はこの六方諸佛による証誠のことを、『選擇本願念佛集』第十六章私釈段のなかに、

阿弥陀経のなかに、一の選択あり。いわゆる選択証誠なり。すでに諸経のなかに多く往生の諸行を説くといえども、六方の諸佛かの諸行を証誠せず。この経のなかに念佛往生を説き給うに、六方の恒沙の諸佛、おのおの舌を舒べて大千に覆い誠実の語を説いて、これを証誠し給う。故に選択証誠というなり。

と、八種選択の一としてこの選択証誠を示されています。つまり言葉をかえ申しますと、

かの『浄土宗略抄』に、

六方の恒沙諸佛は、舌相を三千世界におほふて虚言せぬ相を現じて、釈迦佛の弥陀の本願をほめて、一切衆生をすゝめて、かのほとけの名号をとなふれば、さだめて往生すとの給へるは、決定してうたがひなき事也。一切衆生みなこの事を信ずべしと証誠し給へり。

（『和語燈録』巻第二所収）

と仰せになっているように、私たちの疑いを晴らす目的のもとに、六方諸佛による証誠がなされたのであります。かの『往生大要鈔』に、

衆生の釈迦一佛の所説を信ぜざらん事をそれて、すなはちともに同心同時にをの〳〵舌相を出して、あまねく三千世界におほひて、誠実のことばをとき給ふ。

（『和語燈録』巻第一所収）

と示されているとおりであります。

さらに宗祖上人は『選擇本願念佛集』第十三章のなかで称名念佛の一行を、少善根である諸行に比して多善根であるからまさに大善根・勝善根であると価値づけることによって、六方の諸佛が称名念佛を証誠しなければならないゆえんをあきらかにされています。かの『九条殿下の北政所へ進ずる御返事』のなかには、「念佛多善根」という言葉を用いていら

れないけれども、
念佛は、六方の諸佛の証誠の行也。余行は、顕密真理のやんごとなき行なりといへども、諸佛これを証誠し給はず。このゆへに様々の行おほしといへども、往生のみちにはひとへに念佛がすぐれたる事にて候也。
(『和語燈録』巻第三所収)

と指摘されていますから、「すぐれたる事」という表現のなかに、「念佛多善根」の意を含めて理解しても、誤りではないでしょう。

さらに第十四章では、称名念佛による往生を疑う私たちのために、信心を喚起せしめ、誘発させようとして六方の諸佛が、こぞって同心同時に、念佛によって往生することは間違いのない真実であると証誠されたことを述べられていますが、すでにあきらかにしたとおりであります。諸経典に通じていられた宗祖上人は、『要義問答』のなかに、

大事を成じ給ひし時はみな証明ありき。法華をとき給ひし時は、多宝一佛証明し、般若をとき給ひし時は、四方四佛証明し給ふ。しかりといへども一日七日の念佛のごとく、証誠のさかりなる事はなし。ほとけもこの事をま事におぼしめしたるにこそ候めれ。
(『和語燈録』巻第三所収)

と、六方の恒沙諸佛がこぞって証誠し給うことは実に稀なことであり、阿弥陀佛と念佛についての六方諸佛のみ心のほどをあきらかにされたのです。

また第十五章では、六方の諸佛がお念佛する人を護念して、あらゆる不幸や災障をとり除いて下さることを指摘し、さらに阿弥陀佛を始め諸菩薩が昼夜をわかたず、念佛する人から離れずにお護り下さるという勝益のあることを述べていられます。このことについて『浄土宗略抄』のなかに、

弥陀を念じて往生せんとおもふものは、つねに六方恒沙等の諸佛のために護念せらる。かるがゆへに護念経となつく。いますでにこの増上縁の、誓願のたのむべきあり。もろ〳〵の佛弟子等、いかでか心をはげまさゞらんやといへり。かの文の心は、弥陀の本願をふかく信じて、念佛して往生をねがふ人をば、弥陀佛よりはじめたてまつりて、十方の諸佛菩薩、観音勢至無数の菩薩この人を囲繞して、行住坐臥、よるひるをもきらはず、かげのごとくにそひて、もろ〳〵の横悩をなす悪鬼悪神のたよりをはらひのぞき給ひて、現世にはよこさまなるわずらひなく、安穏にして命終の時は極楽世界へむかへ給ふ也。

（『和語燈録』巻第二所収）

と述べていられます。

最終の章である第十六章にいたって、『阿弥陀経』の流通分の内容をとりあげて、釈尊が愛弟舎利弗尊者に対して、とくに阿弥陀佛の名号をとなえることを、汚染にみちた濁った時代の人に伝えるように付属されたことを指摘していられます。この付属については寡聞ながら、『和語燈録』の上には見出すことができないようであります。

さて、第三段に「われらか証誠を信じて、不退の浄土に往生せんとす」というお言葉が記されています。つまり一日ないし七日の間、一心不乱にお念佛をした人は、漏れなくお浄土に迎えとられるというのです。ただお浄土について、「不退」という内容規定を加えていられます。阿弥陀佛のお浄土は退転する縁のない世界でありますから、これを専門用語で「処不退」といっています。人間の性《さが》である煩悩を断ち切った聖者は十信、十住、十行、十廻向という三賢の位で「位不退」を得、また初地から七地までの菩薩は「行不退」を得、八地以上の菩薩は「念不退」を得るのと区別されますが、煩悩を断ち切らないままお浄土に迎えとられた往生人は退転の縁がないお浄土の人となりますから、「処不退」を得るのであります。曇鸞大師は『往生論註』のなかで、煩悩を断ち切らないまま浄土に往生した人が、煩悩業に束縛されない不思議に注目して「不断煩悩得涅槃分」と指摘されたり、あるいはお浄土に生まれた人は「自然に身口意の悪を止む」と述べられています。それらは浄土が「処不退」であることに基づいています。この不思議こそ有難くいただいても、決して思慮分別をさしはさむべきではありません。

『阿弥陀経』に説く一日ないし七日の間、申し続けるお念佛の数量は、ちょうど百万遍になるといわれています。宗祖上人は『往生浄土用心』のなかに、

　百万遍は七日申べきにて候へども、た《（堪）》へ候はざらん人は、八日九日なんどにも申され候へかし。されはとて百万遍申さざらん人のむまるまじきにては候はず。一念十念にてもむまれ候也。一念十念にてもむまれ候ほどの念佛とおもひ候うれしさに、百万遍の功徳をかさぬるにて候なり。

（『拾遺和語燈録』巻下所収）

と申されています。七日間に百万遍のお念佛のできない人は、八日九日を費すれば百万遍のお念佛を申すことができますよ。百万遍のお念佛を申さなければ、浄土に往生ができないのではありません。たとえ一念、十念のお念佛によっても、往生することができるのです。その有難さ・うれしさを感ずればこそ、百万遍の功徳をつむことができると仰せになっています。

しかるに『阿弥陀経』には一日ないし七日間のお念佛を、「一心不乱」でなければならないと説いてあります。つまりお念佛以外のすべてのおもいをまじえず、さしはさまないで、

お念佛申すことは容易なことではありません。私たち人間の心は、いつも散り・乱れるのが常であるからであります。宗祖上人はこの「一心不乱」について『要義問答』の上に、

ひとたび三心を具足してのち、みだれやぶれざる事金剛のごとくにて、いのちをはるを期とするを、なづけて一心といふと候。

阿弥陀佛の本願の文に、設我得佛、十方衆生、至心信楽、欲生我国、乃至十念、若不生者、不取正覚といふ。この文に至心といふは観経にあかすところの、三心の中の至誠心にあたれり。信楽といふは深心にあたれり。欲生我国は廻向発願心にあたれり。これらをふさねて、命をはるを期としてみだれぬものを一心とは申す也。この心を具せんもの、もしは一日二日、乃至十声一声に、かならず往生する事をうといふ。いかでか凡夫の心に、散乱なき事候べき。さればこそ、易行道とは申す事にて候へ。

（『和語燈録』巻第二所収）

と述べていられます。

心の散り乱れることを性《さが》とする人間に、散り乱れることのない「一心不乱」を求めるはずがない、というのが宗祖上人の基本姿勢であります。したがって第十八念佛往生の願に示される「至心信楽　欲生我国」を一にした心、言いかえるならば至誠心などの三心をと

りまとめた一心を、命終にいたるまで金剛石のように堅持することを、「一心不乱」であると宗祖上人は仰せになっています。

このようにみてまいりますと、この第七科の第一段はお念佛をする人を、一人漏れなく迎えとるという阿弥陀佛の本願のみ心を、『無量寿経』に基づいてお示し下さいました。続く第二段は、韋提希夫人の懇請にこたえて定散の二善を随他の法門として説かれた釈尊が、ご自身の出世の本懐として阿弥陀佛のみ名をとなえよ、といって示された随自の法門を『観無量寿経』に基づいてお示し下さいました。最終の第三段は、六方に在ます数限りない諸佛がこぞって、阿弥陀佛のみ名をとなえたならば必ず浄土に迎えとられることは必定であり、間違いのないことである、と証誠し、さらに念佛をするすべての人を護念して下さることを『阿弥陀経』に基づいてお示し下さったのであります。

してみますとこの第七科は、弥陀、釈迦、六方諸佛という三佛のみ心を、「浄土三部経」によってお示し下さったことに気づかされ、しかも三佛のみ心は私たちにお念佛を申すようにと、心を一にしてお勧め下さっているといただくことができるのであります。

法悦・報恩・心のすえどころ（第八科）

――救われた身は――

この第八科は、『一紙小消息』のまとめの段であり、締めくくりが行われる終章であります。

「あひがたき」阿弥陀佛の本願成就のおかげをいただいて、往生浄土の素懐を遂げることができるという確信にみちた悦びと、私のように汚染にけがれた者を、漏らすことなくお浄土にお迎え下さる阿弥陀佛の実に宏大な本願成就のはたらき・お慈悲のみ心が素直にいただければいただけるほどに、この上ない大恩に対して、なんとしてでも及ばずながら報いたい、という切なるおもいを綴ってあります。さらに、お念佛によって現世から来世を一貫して、無量寿という「とわのみいのち」・「いきどおしのいのち」に生かされて生きていく上に、欠くことがあってはならない信行をお示しになって、結びとしていられます。

〔第一段〕

天にあふき地にふしてもよろこひつゝこのたひ弥陀の本願に　あへる事を。

〔第二段〕

行住坐臥にも報すへし　かのほとけの恩徳を。

〔第三段〕

たのミてもなをたのむへきハ乃至十念の詞。

今このように遙か阿弥陀佛の在ます西天に向かって合掌し、大地に五体投地の礼拝をして、悦びの心をあらわすのは、今生において会い難い阿弥陀佛の本願成就のお救いをいただき、往生浄土の素懐を遂げることができるという確信を持ち得たからであります。

毎日の起居動作のすべてを、南無阿弥陀佛の称名の上に行っているのは、煩悩のけがれに染まった私のような者を、お浄土にお迎え下さる阿弥陀佛の宏大無辺なご恩に報いたてまつりたい心のあらわれであります。

わが身と心のすべてを投げ出しておすがりし、任せきって頼み続けなければならないのは、お念佛を申しはじめてから臨終の夕べにいたるまで、わが名をとなえよと仰せられた阿弥陀佛の呼びかけであります。だからこそ、それに応《こた》えて南無阿弥陀佛

信してもなを信すへきハ　必得往生の文なり。

とみ名をおとなえするばかりであります。わが名をとなえる者を漏れなく救いとり、浄土に迎えるという阿弥陀佛の本願成就のはたらき、お慈悲のみ心を、信じる上にもなおさらに、信をいたして「往生するぞとおもひとり」ながら、「得たる心地にて念佛申す」ようになりたい次第であります。

私たちが毎日、朝夕のおつとめに拝読いたします『一紙小消息』には、「弥陀の本願にあふ事を」と記されています。それは四十八巻からなる『法然上人行状絵図』の第二十一巻第二段に収められているご文を用いているからであります。ところが、『和語燈録』や『西方指南抄』、さらに現に浄土宗大本山増上寺に所蔵されている開山酉誉上人直筆の伝書には、「弥陀の本願にあへる事を」と記されているのであります。

「あふ事」という表現と、「あへる事」という表現とは、「逢う」ことの未来形と、過去完了形との相違のあることに、気づかなければなりません。そのことは、「天にあふき、地にふしてもよろこひつゝ」にかかわる内容でありますから、当然、過去完了形によって示される、「あへる事」でなくてはなりません。往生浄土の確信を持ち得た悦びでありますからには、将来において阿弥陀佛の本願にあうことができるであろう、といった不確定な表現を用いることは、とうてい許されようのないことであります。『一紙小消息』全文のなかでこのおことばを把えてみますと、第五科の第四段に「むまれかたき浄土に往生せん事ハ、よろこひのなかのよろこひ也」と、未得の悦びを綴っていられます。その悦中の悦が、悦んでお念佛をとなえる人の上に、事実となってあらわれたのが、「あへる事」の悦びなのであります。

必ず往生浄土の素懐をかなえていただけるという確信にみちた悦びの心は、お浄土にお迎え下さる阿弥陀佛に対して、その大恩に報いたいという報恩の心を湧きたたせるのであります。報恩といっても、決して身勝手なことをするのではありません。あくまでも阿弥陀佛のみ心にかなった行いをするのが、なによりの報恩であります。阿弥陀佛のみ心にかなった報恩の行いとは、申すまでもなく阿弥陀佛のみ名をおとなえするのが一番最高の行いであります。

第六科の第二段に示された念佛を「無間に修すへし」こそ最たる報恩行であり、「無間に修す」ることができるようになりますと、第一段に示されている「小罪をも、おかさしとおもふへし」という思いがおのずから実現することができ、真の佛子として阿弥陀佛におよろこびいただくことになるのです。

第三段のご文相は、第十八念佛往生の願文について、善導大師が『往生礼讃偈』の後序のなかにお示し下さった、

若《シ》我《レ》成佛《センニ》、十方衆生《ノ》、称《シテ》二我名号《ヲ》一、下至《マテ》二十声《ニ》一、若《シ》不《ンハ》レ生者、不《ト》レ取《ラ》二正覚《ヲ》一。
彼《ノ》佛今現《ニ》在《シテ》レ世《ニ》成佛《シ玉ヘリ》。当《ニ》レ知《ル》本誓重願《ノ》不レ虚《カラ》、衆生称念《スレハ》、必得《ス》二往生《ヲ》一。

という四十八字からなる妙釈をいただかれた法然上人が、そのみ心を綴られた文章であります。

「たのみても　なをたのむへき」とは、阿弥陀佛がその昔、法蔵菩薩であられた時、すべての人を漏れなく救うために念佛往生の願を発された大慈悲のみ心と、それを成就して阿弥陀佛となり給うた本願成就のみ力とを仰ぎ信ずる念佛者・願生の心であります。

そのお慈悲のみ心、本願成就のみ力は、阿弥陀佛のみ名をとなえる人の上にはたらく、というのが第十八願文の示すところであります。具体的には「乃至十念」とお示し下さっていますが、より具体的に申しますと、阿弥陀佛のみ名をとなえ始めてから臨終の夕べに

いたるまで、南無阿弥陀佛とみ名を続けどうしに、お呼び申し上げるのです。阿弥陀佛はその呼び声を尋ね、応えて救いのみ手をさしのべられるのです。そのさしのべられるみ手をたよってみ名をとなえること専らにして、さらに専らであることこそ、「乃至十念の詞」に対する頼む心のあらわれであります。

「たのみても　なをたのむ」という頼むには、自分のはからいのすべてを投げすてて、身も心も阿弥陀佛におまかせし、たよりきるのでなければなりません。たとえによって、示してみましょう。自分のはからいという水が、阿弥陀佛におすがりする私というコップのなかが満杯であるのか、きれいさっぱりからっぽなのか、多少残っているのかということは、「たのむ」心のバロメーターといってよいでありましょう。南無阿弥陀佛とおとなえする、その「南無」は、帰命すること、「どうぞ」と阿弥陀佛におすがりし、たよりきることとなのです。そうでありますから、南無阿弥陀佛とみ名をとなえる、その一声一声に、「どうぞ」という帰命の思いが込められていなければなりません。人様にお頼みするという世俗のことでも、人様の心を動かすほどの迫力がなければ、とうてい聞き入れていただけませんから、いきおい「どうぞ」という願いのことばも真剣そのものです。宗祖上人はこの辺の消息を、称名の時に思べきやうは、人の膝などをひきはたらかして、や、たすけ給へという定なるべし。

（『法然上人行状絵図』第二十巻第一段所収）

と常に仰せられています。対面する相手に向かって膝で畳の上をこすりながら迫り、両手で相手の膝がしらをゆすりながら力一杯願いごとを訴えるというのです。たとえ目には見たてまつることはできなくても、現にお念佛をする私の真正面に阿弥陀佛は在《まし》ますと思って、真剣に「どうぞ、この私を」という思いを込めてお念佛していますと、おのずから自分のはからいも滅じ、捨てきることができるようになるのであります。

人は、「はからう」という思慮・分別とともに、「疑う」というはたらきを具えています。思慮分別を重ねていますと、疑いの心が発生してきます。西洋の学者のなかに「疑え」という人もいられるようですが、それは科学する心であり、あらゆるものを心の外に置いて、客観的対象としてのものを把えるのには、必要でありましょう。しかし宗教の世界、お念佛をとおして往生浄土の素懐を遂げさせていただくのには、疑いはむしろ支障となりますから、疑いは絶対に禁物なのです。宗祖上人は、

法爾の道理といふ事あり。ほのをはそらにのぼり、水はくだりさまにながる。菓子のなかに、すき物あり、あまき物あり。これはみな法爾の道理なり。

阿弥陀佛の本願は、名号をもて罪悪の衆生をみちびかんとちかひ給たれば、たゞ一向に念佛だにも申せば、佛の来迎は法爾の道理にてうたがひなし。

（『法然上人行状絵図』第二十巻第一段所収）

と、常に仰せられましたように、炎は空にのぼってゆき、水はすき間を縫うように低いところへ流れます。果実のなかには甘い・酸っぱいという味を持っています。これらのことは、すべて自然のありのままの道理です。この道理には、疑いをさしはさむ必要は毛頭ありません。ちょうどそのように、お念佛をした人が阿弥陀佛のお迎えをいただいて往生浄土の素懐を遂げるのも、自然の道理なのであります。信ずる以外には、なにものもいらないのです。

きっと「往生するぞ」という確信を堅持し、その思いを南無阿弥陀佛の一声に託し、乗せて、お念佛を続けていますと、往生を「得たる心地」でお念佛ができるようになります。「信してもなを信すへきハ、必得往生の文なり」というお示しは、裏を返せば、お念佛を励んで、往生を「得たる心地」を持ちなさい、というおさとしであります。まさに『一枚起請文』の心におさまるといってよいでありましょう。

宗祖上人は、平安末期から鎌倉初期という一大転換期に、身心の上に苦悩をかさねつつ生きた人たちの、さまざまな懐疑をほぐしながら、念佛信仰の風航を綴られたのが、この『一紙小消息』であります。

その往生極楽の信仰内容について宗祖上人は、まず、称名念佛の目的とその実現方法、および信仰の対象を明確に示され、ついで称名の一行に徹することは、ひと一人も漏らさない阿弥陀佛のみ心を仰信して決定往生の心を確立することと深くかかわり、さらに阿弥陀佛の本願に生かされて生きる悦びを得ることは、さまざまなご縁のたまものであり、おかげである、と受けとめるべきであるとお示し下さっています。

南無阿弥陀佛と称名念佛の一行を実践すれば、必ず阿弥陀佛の本願他力の増上縁をいただいて、往生極楽の素懐を遂げること間違いなしという実感、いわゆる決定往生心が確立した人は、善人悪人のいかんを問わずに、阿弥陀佛のみ心を煩わせないように小罪をも犯さない日暮らしをし、称名念佛の数量の多小にかかわりなく、阿弥陀佛のみ心にかなうように、おもいださずに忘れず、不断に称名念佛を継続すべきであり、そのことをとおして、阿弥陀佛の本願、釈迦の出世の本懐、諸佛の証誠という三佛のみ心をもったいなし、ありがたしと押し戴く心境、法悦にむせびながら、これら三佛の尊い慈恩に、なんとしてでも報いなければならない、という決意に湧きたつのであります。この一段は、宗祖上人のご実感がにじみでているように推察されてなりません。

念佛信仰はなんといっても、「わが名をとなえよ」という阿弥陀佛の呼びかけに応えて、わが身と心のすべてを投げだして、阿弥陀佛にすがり、まかせる心情と、その心情を南無阿弥陀佛の声に託しながら、称名の一行を励めば必ず往生極楽の素懐を遂げることが出来るという確立の上に開かれる、とお示し下さっているのであります。

結びのことば

私たち、日ごろ南無阿弥陀佛とみ名をとなえる者にとって、何ごとをさし置いても、宗祖法然上人のお念佛信仰の内実は、最大の関心事であります。上人が浄土宗をひらき、念佛のひとりだちを実現されてより、八百二十余年の星霜が流れる水のように経過した今日、上人の念佛信仰の内実を尋ね、捉えるには、上人のご遺文の上にこれを探るよりほかありません。

上人のご遺文はさほど数多くありませんが、私はそれを四分類し得ると確信しています。その第一は、お念佛の信仰を体系的に示され、念佛のひとりだちを裏づけされた『選擇本願念佛集』であります。その第二は、「往生するぞとおもいとりて申す」という、念佛実践の極意を示された『一枚起請文』であります。このふたつは、理論と実践という両極でありますが、第三はその双方に含まれている具体的な実践内容を示されたご遺文として、『一紙小消息』を始めとする和語によって綴られた法語、問答、消息の類をあげることが出来ます。この和語の類をとおして、念佛信仰の具体的諸問題を、上人ご自身のお言葉によって、その解答を見出すことが出来るのであります。

これら三類にわけられるご遺文は、大外護者・九条兼実公、愛弟・勢観房源智上人、さらには不特定多数の念佛信者からの要請を受けられた宗祖上人が、綴られたものばかりであります。いわゆる、他請によって成立したご遺文であります。

しかるに上人がおつくりになった和歌は、決してそうではありません。上人の内に燃えるような、湧きいでる清水のように、ご自身の念佛信仰の内容を時に応じ、折にふれて自詠されたのでありますから、念佛信仰の風航をいかんなくお示し下さっているのでありま す。私たち宗祖上人のお念佛の流れを汲むものは、第四類の和歌を念佛信仰の内実を伝えるものとして捉え、その内実をいかに解明するか、ということを最大の課題としています。

とは申しましても、そのような意図を解明させるには、どうしても第一、二、三類に属するご遺文をとおして、それに対して具体的に理論的、実践的な肉づけをしなければなりません。しかし、そのような方法とは別に、宗祖上人のみ心、念佛信仰の風航は、実際に南無阿弥陀佛とただ一向に念佛する、という実践をとおして実感し得ることを怠ってはなりません。私はそのようなことを念頭に置きながら、『一紙小消息のこころ』を執筆いたしました。

顧みますと、まことにたどたどしい足どりながら、三十三回にわたって、総本山知恩院が発行する月刊誌『知恩』の誌上に、この『一紙小消息のこころ』を連載していただきました。二年と九ヶ月にわたって愛読いただいたお方を始め、編集事務を担当下さった編集室の郁芳随浩上人、知恩院浄土宗学研究所研究員の永井隆正上人に、厚くお礼を申し上げる次第でございます。今これらを一括して上梓することにお骨折りいただいたのも、この二上人です。さらに東方出版の今東成人氏に対しても、衷心より感謝の意を表する次第です。

拙句を結びとして掲げ、とも共に自行に励みたいと存じます。

逝き来たる年つらぬきて阿弥陀仏に
すがりまかせて無量寿を生く

平成八年五月二十五日
大本山増上寺書院にて
著者　誌

藤堂恭俊（とうどう　きょうしゅん）

1918年　和歌山県田辺市生まれ。
1944年　大正大学研究科修了。
　　　　浄土宗大本山増上寺第86世法主、佛教大学名誉教授。
2000年　遷化。
著　書『無量寿経論註の研究』（佛教文化研究所）、『國譯一切経 和漢撰述部 諸宗部5「無量寿経優婆提舎願生偈並註」』（訳・校訂、大東出版社）、『法然上人研究 第1巻（思想編）』（山喜房佛書林）、『法然上人のみ心をいただく』（浄土宗）『一枚起請文のこころ 新装版』（東方出版）ほか。

一紙小消息のこころ【新装版】

1996年 7月25日　　初版第1刷発行
2022年11月15日　新装版第1刷発行

著　者　藤　堂　恭　俊
発行者　稲　川　博　久
発行所　東方出版（株）
〒543-0062 大阪市天王寺区逢阪 2-3-2
TEL06-6779-9571　FAX06-6779-9573
装　幀　森　本　良　成
印刷所　モリモト印刷（株）

落丁・乱丁本はおとりかえいたします。　ISBN978-4-86249-438-2